U0934698

# 去留学有我 赚美金看你

## 美国留学申请DIY宝典

张蓓 著

我的职业是教孩子们赚美金

**图书在版编目(CIP)数据**

去留学有我,赚美金看你:美国留学申请 DIY 宝典/张蓓著.—武汉:武汉大学出版社,2015.12

ISBN 978-7-307-17310-1

Ⅰ.去…　Ⅱ.张…　Ⅲ.①留学教育—概况—美国　②高等学校—介绍—美国　Ⅳ.G649.712.8

中国版本图书馆 CIP 数据核字(2015)第 293426 号

责任编辑:聂勇军　　责任校对:李孟潇　　版式设计:马　佳

---

出版发行:**武汉大学出版社**　(430072　武昌　珞珈山)
(电子邮件:cbs22@whu.edu.cn 网址:www.wdp.com.cn)

印刷:武汉中科兴业印务有限公司

开本:880×1230　1/32　印张:7.125　字数:121 千字　插页:1

版次:2015 年 12 月第 1 版　　2015 年 12 月第 1 次印刷

ISBN 978-7-307-17310-1　　定价:40.00 元

---

# 序

随着地球村（Global Village）时代的到来，人类在享受科技和进步带来的便捷、高效、舒适的同时，也面临着诸多的发展威胁——政局动荡、金融危机、生态恶化、食品安全、信仰缺失等。人类在创造和传播文明的同时，更需要用大智慧、新技术去解决生存和发展所面临的威胁。这一切需要通过教育来实现，教育塑造着社会意识形态，顶尖的国际教育更是引领发展、解决威胁。

“出国留学”是一个关乎教育、职业乃至人生的话题。每个留学生都渴望知道自己该如何走向成功，每位家长都希望自己的孩子通过留学改变命运。但事实上，出国≠留学，在我看来很多留学生只是出国了而没有留学，就更谈不上成功了。

当今市面上充斥着各类留学考试、留学指南的书籍，而本书则着重向读者们更深层次剖析出国留学所面临的问题以及提供解决方案。Lisa

把自己曾接触到数以千计留学家庭曾遇到的问题，经过深思熟虑一并呈现在本书之中。全书阐述了在留学申请的过程中，父母应该怎么样去做？孩子应该怎么样去做？如何进行留学申请这三个核心问题。这些深层次的经验之谈对于父母及孩子如何确立正确的思路和视角一定会大有裨益。

迄今为止，Lisa 是我遇见的真正对国际教育有想法，并一直付诸行动的教育人，Lisa 在教育心理学研究方面有较高造诣，特别在家庭关系的改善上有太多成就。当我们在第一次畅谈教育梦想的时候，她的教育思想让我眼前一亮，成熟与睿智远远超过了她的年龄，于是便有了我的三顾茅庐，力邀她加入至美前程的经历。

实践出真知，过去十年，Lisa 一直兢兢业业，从课程的研发、团队的培训、一线的咨询、企业的沟通等方方面面入手，并且每年在清华、北大、武大、华科、中科大等中国顶尖学府坚持举办数十场演讲会，用激情和专业影响着一批又一批的中国学子。Lisa 的学生遍布全球顶尖高校，并创造了中国本科生直接申请美国博士项目的神话，无论从每年辅导数百人的数量上，还是累计为学生申请到数十亿奖学金上，整个留学行业都将为之颤抖。她在用数据证明着自己的教育理想。

在工作中，Lisa 带领团队运筹帷幄，为每一位申请者的申请前途把关，她坚决不做中介式申请，坚持开创一个全新的领域来改变当今教育服务业的现状，严格要求团队成员通过对国际教育信息的充分掌握，在了解客户的需求后，根据不同学生的学业背景、性格特点、家庭经济情况以及今后的职业规划等，来选择国家、院校、专业等。但 Lisa 的追求不仅仅是这些，她认为国际教育机构为学生服务的目标不仅仅是申请到名校和奖学金，更应该在申请过程中对其进行培训、辅导和平台供给，让学生通过参加各类社会活动、实习研究得到有效的历练，从而在能力上得到提升。这些经历促进了学生价值观乃至人格的塑造，这些才是留学申请的初衷，才是教育的意义所在。所以至美前程现阶段才有了一个独一无二的学生成长平台，该平台与中外名企及顶尖科研机构嫁接，帮助学生在平台上锻炼和提升自己，从而提升学生的国际竞争力。

Lisa 最开始找我为本书写序时，我拒绝了，因为我担心商业导向对本书的影响。但她对我讲，只有我完整地见证了她和她的学生们的辉煌，最懂其中的酸甜苦辣。确实如此，当我看完她的手稿后，我完全被书中内容所打动。因为我认为这本书可以引起一场家庭对于留学的革命，改变很多家庭对于留学的错误观念，有着极强的实用性。相信更多的家长或学生读到这本书后，将树立信心并做出家庭或人生最重要的决定。

是为序。

**至美前程教育集团总裁：雷鸣**

2015 年 10 月

# 目　录

# 第一部分

# 给孩子们

# 第一章
# 关于成功

## ◎成功是什么

很多来找我咨询的爸爸妈妈们和孩子们，经常会问到的是，到底是选择出国留学还是国内读书？出国留学以后能不能找到好工作？国外大学什么专业好找工作？

那么到底要不要出国留学？

中国从清朝的第一个赴美留学生容闳到现在，一百多年的时间里面，走出去看世界的学生们是越来越多。从 20 世纪 80 年代的公派留学到 90 年代兴起的自费留学，再到现在 21 世纪，出国留学已经是一件很平常的事情了。用一个妈妈曾经跟我说过的话来说就是，我们家卖一个房子就够孩子在国外读完本科和硕士了。

当留学成为一件平常的事情的时候，留学本身就不再是成功的代名词。每次在讲座分享的时候，我总告诉大家，在这个全球化的时代，我们现在讨论的并不是留学，而是大家想在哪个国家完成自己的学业，中国也好，美国也好，都只是选择之一而已。

在中国以外的国家完成自己的一部分学业，最大的收获是开阔自己的视野。从小在一个地方待太久的人，很容易被限制住思维。你看到的听到的学到的，都是周围的人反复用同一个世界观和人生观给你的灌输和暗示。就像一个人待在山的一边，他只知道山这边的情况，而很难想象山那边的人是什么样的，并且会认为他们和自己穿一样的衣服，说一样的语言，有一样的思维观。当然现在的网络比较发达，大家已经能够感受到地球的另一边的人们的生活和态度，但是被动的观摩和到当地主动地融入，却是两种完全不同的感受。而一个人要想成功，首先是思维要被打开，成功人士都是具备全方位的视野，之后才找到自己成功的途径。

另外你去哪个国家留学，那么你在该国学习生活的过程中，学会跟他们打交道，用他们的思维观来和他们共事，才能有更好的发展。就像一句老话说的，要想钓到鱼，就要像鱼那样去思考。

此外，在国外留学，还可以提升能力。这个能力是多方位的，首先是语言能力，然后是人际交往能力。这两者都会在潜移默化中被锻炼和被培养，而这也恰恰是将来工作和生活中必须具备的一个最重要的能力。

出国留学能不能找到工作？好不好找到工作？

我总是很耐心地根据孩子的性格、能力，加上家庭的成长背景来帮大家作分析，然后告诉他们，能不能找到工作，不是出国读书就可以了，而应提高能力加上抓住眼前的机遇才行。我曾经有一个很好的朋友，只在国内上了一个普通的大学，国内本科毕业后直接在英国找到一份工作，他不是天才，也不是家庭背景强，仅仅是他具备能力，会抓住机遇。此外，好工作的“好”又是指的什么呢？是指工作轻松还是收入高呢？每个孩子和父母对这个问题都有自己的想法。当然所有人都希望既轻松又收入高，可是天底下哪有那么多“免费的午餐”？

我很希望大家能够把眼光放到更开阔的地方，其实能不能找到好工作，本身这个问题就限制了每个人的思维。我们来到这个世界上活一次，一定要在这个世界找到属于自己的位置，收获成功，而出国留学只是让大家多一点认识这个世界的机会，多一点开阔眼界的机会，多一点锻炼能力的机会。如果只是寄希望于出国留学就能成功，就能找到好工作，那就大错特错了。我见过太多的孩子在美国毕业以后找不到工作，回国后也找不到合适的工作，就是现在流行的说法："海归"变"海带"。

还需要说的一个问题，也即大家经常问的问题：什么专业好找工作？现在美国最热门的专业还是金融、会计和计算机。可是大家有没有想过一个问题，热门专业一万人竞争一百个职位，竞争率是 1%，所谓的非热门专业一百人竞争一个职位，竞争率还是 1%。其实不管是什么专业，竞争的激烈程度是一样的。

每个人都希望成功，可是成功到底是什么？

不管在你自己的字典里面对成功的定义是什么，但是至少不应该只是"拥有大房子和好车子"，因为这是成功以后的副产品。每次我带孩子们做领导力拓展训练，都会问大家这个问题，孩子们往往都是上面这个回答。有可能因为大家没有为自己的生活找到梦想，还停留在生存的阶段。有可能是受成人的影响，孩子们觉得这样回答才是贴近现实的，而不是像小时候那样说“我想当科学家”，怕现在这样说被人笑话。

其实这是一个轮回，当有一天，你找到自己内心的梦想时，你会发现，勇敢说出自己的梦想，是一件值得自豪的事情。而你走在实现自己梦想的路上时，你就成功了！成功不是只属于比尔·盖茨和乔布斯！成功属于每个拥有梦想，并且在实现自己梦想的过程中的人！

### ◎为什么要有梦想

尼采曾经说过，人只有找到生存的理由，才能承受任何境遇。生存的理由，就是每个人的梦想。没有找到梦想的人生要么是麻木的，要么是痛苦的！

中国的孩子从小就被爸爸妈妈决定要有什么爱好，是钢琴还是游泳；到了高中，很多人也是被爸爸妈妈和老师决定读文科还是理科；到了大学又被爸爸妈妈决定是在中国还是在外国读书，甚至读什么专业；到了工作的时候，爸爸妈妈说做什么事情会好；到了结婚的时候，爸爸妈妈对孩子选择另外一半有很大的决定权……

爸爸妈妈总是打着爱孩子的名义，为孩子决定一切的事情。经常听到的一句话就是：“我们这是为你好！”这样的成长环境，让大多数的孩子们习惯了爸爸妈妈的选择，习惯了被决定。即使从小存在过的丁点反抗，经过十几年和爸爸妈妈的磨合，已经毫无“斗志”，因为一切抗争都会那么无力。最近遇到一个孩子，上课的时候，我问大家：“你们为什么要出国读书?”他举手大声说：“逃离我妈妈!”听到这样的回答，我的心里一阵悲哀，为这个孩子曾经的20年生活，也为这个妈妈20年的“付出”。

我常常跟大家讲一个关于砌墙的故事。有三种工匠在砌墙，当分别问他们三个人在干什么时，第一个回答说：“我在砌墙”；第二个人回答说：“我在建造房子，形成生活小区”；第三个人回答说：“哦，我在建设我们美丽的城市，将来有小区，有花园，有博物馆……”

大家设想一下，第一个人回到家里，会筋疲力尽地往沙发上一躺，说：“砌墙真是一件无聊的事情，累死我了，要是能换个更轻松的工作就好了!”第二个人呢，回到家有可能跟家人说：“今天我们的房子已经做到十层了，再过几天，就要封顶了；还有五栋房子，我们的小区就要完工了。下个月要投入下一个建筑工程了。”而第三个人呢，回到家每天跟家人兴奋地描述了建造房子的进程后，会设想一个完美的城市还需要什么，会设想当花园和博物馆都建成以后，每天晚上可以在花园漫步，每个周末可以在博物馆里看展览，这是多么完美的生活呀！

第一个人像大多数人一样，每天做事赚钱，但是不知道自己做的是什么，为什么要做，所以很无趣很累；第二个人有自己的目标，知道自己每天在干什么，所以很充实；而第三个人是有梦想的人，他不但知道自己每天在干什么，更知道自己将来要干什么，所以他不但生活充实，而且生活得有意义。

所以找到自己的梦想花园，在内心不断地设想和憧憬，使之成为每天努力的目标和动力就显得非常重要。只有这样，你才能幸福地走向成功的道路，去努力实现一个又一个的目标，去尽力克服一个又一个的困难。

### ◎怎样找到自己的梦想

回答是在每个人自己的身体里和心里！

属于你的那个梦想住在你的内心深处，需要你自己去挖掘出来，找到通向梦想花园的秘密通道。内心的丛林中岔道很多，荆棘密布，需要你努力寻找。

首先在找到梦想之前，你还要先问自己一个问题：你是谁？米开朗基罗雕刻了著名的雕像大卫，当别人问他，怎么想到要用这块石头雕这个雕像的时候，他回答说，我只是把多余的石头去掉了。所以你也要拨开包裹在周围的迷雾，将最好的自己找到并呈现出来。

美国心理学家乔瑟夫和哈里提供了一个模型帮助大家认识自己，叫做乔哈里视窗。

| | 自己知道（Known to self） | 自己不知道(Not Known to self) |
|---|---|---|
| 别人知道（Known to others） | 公开区（Open） | 盲　区（Blind） |
| 别人不知道（Not Known to others） | 隐藏区（Hidden） | 封闭区（Unknown） |

图一　乔哈里视窗

关于性格和能力，通过自己做头脑风暴和反思，通过询问别人，就能够更加清晰地认识自己，而且当隐藏的部分和盲点的部分都在缩小的时候，未知的部分就被缩到最小，开放的部分就被放到最大。每个人都只有最大限度地挖掘自己，才能找到自己最擅长的。

每个人最擅长和最喜欢的领域都跟先天的性格和家庭成长环境有很大的关系。你要学会去观察自己，反思自己，通过这个过程，去找到自己最擅长和最喜欢的领域。这就是你的梦想所在。一旦你遇见了最好的自己，你就会找到自己的梦想。

找到梦想，需要很长一段时间，但一定不是坐在家里思考自己的梦想，每个人都需要在实践中去找到自己的梦想。我曾经有个朋友，想要找自己的梦想，不管做什么，他都觉得不是自己最喜欢的，然后就什么都不做，在家里待了很长一段时间。最后的结果就是和社会脱节，永远找不到自己喜欢做的事情。找到梦想，需要在实践中反复地摸索和思考，最后才能遇到。就像有句老话所说的，胃口是吃出来的。

当然有一个问题需要大家注意，有时候自己的想法会改变，那就 follow your heart 吧！李开复在哥伦比亚大学读书时最开始以为自己会成为一个律师，但是在学习的过程中，逐渐发现自己对计算机的兴趣远远胜于法律。找到了内心真正喜欢的东西，李开复才能有今天的成就。有时候生活懂得比我们多，命运的安排也是对我们的宠爱，所以我们不要把梦想关进牢笼，再用多重大锁锁死。梦想是我们灵魂的风筝，而我们是那个放风筝的人，只有让梦想在天空中飞翔，追随风向和我们的心，这样的梦想才能施展我们的才华。

### ◎什么样的梦想会成功

能够成功的梦想有三个标准。

第一个标准：梦想不是因为别人说了什么而形成的，而是自己在脑袋里面描绘情景，一想到就乐在其中，这才是真正的梦想。这也是我在开头说的，如果孩子只是活在爸爸妈妈的影子里面，真的就很难找到自己的梦想。即使恰好走在通向梦想的道路上面，也很难体会到为了梦想而努力的兴奋和幸福。苹果的创办人乔布斯在挖时任百事可乐 CEO 的约翰·史考利时，是这么说的：“你是想这样一辈子卖糖水，还是改变世界呢?”不得不说，乔布斯深刻地认识了梦想的本质，他不只是在设计电子产品并进行销售，他是在实现他的梦想，并把他的梦想推广给全世界。

第二个标准：实现梦想，获得成功，一定是你带来的价值满足了别人的诉求。有的孩子会跟我说，我有钱了以后就去环游世界，这就是我的梦想。这不是一个能够成功的合格的梦想，其一，这个梦想的前提错了。这个梦想的前提是“我有钱了”，而实现了梦想，我们才能成功，才能有钱，所以这就变成了一个循环的悖论。其二，“环游世界”还只停留在满足自己的层面。如果要把环游世界变成梦想，可以想想看怎么满足别人的诉求。朱兆瑞的《3000美金环游世界》很值得大家看看。他环游世界后写了这本书，首先这本书给了愿意环游世界的读者一个很好的指导，也给了不去环游世界的读者以深思。其次更重要的是，他利用这个经历办了公司，专门帮助人们做私人定制的环球旅行。他自己的梦想是环游世界，并且他看到了大家想要环游世界的诉求，他把这两者相结合，成功和金钱就是自然而然顺理成章的事情了，因为每个人都需要为自己的诉求满足而付费。

第三个标准：梦想不能停留在以自我为中心的地方，能够成功的梦想一定会给别人带来贡献。世界上大多数以“变成有钱人”为目标的人，注意我用的词“变成”，都是以自我为中心的人，他们“变”的可能性反而较小。他们每天都在想我要住多大的房子，开多好的车子，吃多好吃的食物。而达成梦想的人，往往都是做了什么事情，让别人开心，让别人有所收获。就像上面的例子，如果朱兆瑞只是停留在自己环游世界，获得了满足上，这个事情就停滞不前了。但是，他却把他的经历和经验带给大家，在大家满足的同时，自己也得到了成功和满足。

所以从现在开始，每天入睡前花半个小时来思考：我的梦想是什么？结合自己的性格、能力和家庭成长背景，找到自己喜欢的事情。然后看看是不是都满足这三个标准。一次一次地思考，一次一次地调整，终会有一天，你遇到了自己的梦想，遇到了最好的自己！

这里有几个提问可以给大家一些找到自己梦想的提示，闭上眼睛来做一个头脑风暴：

（1）你的人生中到现在为止，你最开心并且最有满足感的时候是什么时候？

（2）在脑海里想想你希望自己五年到十年后有怎样的生活？

（3）如果你现在只剩下一年的生命，你最想做的事情是什么？

（4）最后，在你去世后，你希望在你的葬礼上，别人念一篇怎样的讣文？

以上几个问题，需要反复去问自己，在一次一次的自省中去寻找答案。最后需要说的是，梦想必须是明确具体的，梦想不能只停留在“我的梦想是为人类作贡献”上，必须是我希望通过从事什么样的具体的工作来为人类作贡献，这样的梦想才是可触碰的梦想。

最后送给大家两句话：第一，坚持自己的梦想，不要为别人的要求或者不看好而放弃。当初联邦快递的创始人弗雷德·史密斯（Fred Smith）在1965年进入耶鲁大学时，在一篇经济学论文里提出关于把信件和包裹快递到家的构想，结果只得了“C”。但正是他的坚持，才有了现在的联邦快递公司。第二，坚持自己的梦想，不要因为中途的挫折和困难而放弃。选你所爱，并爱你所选。世界上任何人和事都不是完美的，所以你选中的也是一样，不要因为遇到一些问题就放弃，因为当你放弃后去做另外一个选择时，同样会出现相同的问题。

# 第二章
# 关于目标

## ◎为什么要设定目标

不管你是不是找到了自己的梦想，制定目标都是一件极其重要的事情。找到了梦想的人，制定为梦想实现的各个阶段的目标就成为当务之急。没有找到梦想的人，也要制定短期目标和中期目标。因为之前跟大家说过，胃口是吃出来的，梦想是在实践中找到的。很多人都是在完成阶段性目标的路上慢慢打开思维，终于找到了自己内心的梦想。

当你在没有找到自己愿意终生为之奋斗的梦想时，千万不要一直跟自己说，我在找梦想，我在找自我。我遇到过很多这样的学生，他们在找自我的路上，一边玩电脑游戏，一边看电视，时间就这样过去了，再后悔也来不及了。人生有很多这样的时候，总是在追悔自己的过去。所以一定要抓住眼前的时光，即使没有找到人生的梦想，也要尽全力完成眼前的目标。

前段时间有一个学生在QQ上咨询我，说现在大三下学期快过完了，终于决定要去留学了，问我现在该怎么办。我看到QQ上面显示的聊天记录，上次聊天是两年前，他来问我们公司的地址，并且来咨询过。那时候是大一，没有想好，一直到现在大三了，终于想好了要出国。他告诉我他的GPA只有2.6/3.0，是学工科的，现在想申请商科。我直接在QQ上面跟他说，对不起，我帮不了你。

我是真的无能为力。我想说当初大一你来咨询过以后，即使没有作好最后的决定要不要出国念书，是不是可以先开始准备？在这个准备的过程中，保持GPA水平可以帮助你学习专业知识；准备国外院校要求的英语考试可以帮你提高英文；提前了解各个专业可以帮助你开阔视野。可是为什么要一直在这三年内只想要不要出国，而没有采取任何的行动呢？

所以，不管你现在是不是已经找到了为之奋斗终生的梦想，请一定先制定短期和中期的目标，并为定好的目标而努力，在努力的过程中不断反思去找到自己的梦想。只有定好了目标，你才能集中精力把握现在，并完善自我不断进步；只有通过一步一步实现自己制定的目标，你才能充满信心和激情，并最终找到自己的梦想，成为一个成功的人。

### ◎为什么大家不设定目标

首先，有的人不知道需要设定目标和怎么设定目标。很多孩子在中小学的时候有老师和父母为他设定目标，他不知不觉中按照要求去做。进入大学后，他就不知道自己应该做什么了。最近看到一期访谈节目，记者采访一个高考状元。第一次参加高考成为高考状元，进入大学后，他不知道该怎么学习，最后在大二的时候因为不及格的科目达到了被开除的标准，离开了大学。退学后他做了一段时间的小保安，一个月拿几百块钱。父母想到他这样下去的话才情会被浪费，于是劝慰他还是继续上学。于是他再次刻苦努力，参加了第二年的高考，又以高考状元的身份考入了大学。访谈的时候正是他又再次面临被大学退学的边缘。主持人问他为什么到了大学就不知道怎么学习了。他回答说，不是因为不知道怎么学习，而是不知道学习是为了什么。以前是为了高考，现在为什么呢？这个孩子就是不知道要设定目标的典型案例。我想说的是，即使没有找到最终人生的梦想，但是至少可以在大学里面设定学习的近期目标，比方说专业技能的学习或者英语的学习。

其次，有的人是害怕设定目标后受到别人的否定，害怕设定的目标没有实现受到别人的嘲笑。现在很多90后的孩子，当你问他们人生的梦想和目标是什么的时候，他们会淡淡地回答你，不知道或者赚钱过好生活。其实他们中间很多人不是没有人生梦想和目标，是他们不敢说出来，一方面是社会充斥了过多的拜金主义，典型的例子就是那句：宁愿坐在宝马车里哭，也不愿意坐在自行车后面笑。另一方面父母们对孩子在这方面有过度的干涉和束缚。父母们总是希望为孩子设定好将来的路，不是为了实现自己年轻时没有实现的梦想，就是希望孩子超越自己，继续过自己为他设定的丰衣足食的生活。当父母为孩子设定好生活后，孩子在反抗无力的状况下，也就慢慢放弃了自我，去适应那条为他设定好的路。我见过太多的案例，有的是孩子想要出国读书父母不愿意，有的是父母要孩子出国读书孩子不愿意。我只能跟我的孩子们说，只要你们设定的目标是积极向上的，请鼓起勇气坚持下去，这是你们自己的人生！即使最后这个短期目标失败了，这段经历只会为你找到梦想，并最后实现梦想创造机会，不要害怕别人的嘲笑！

请描绘出你的目标时间线。

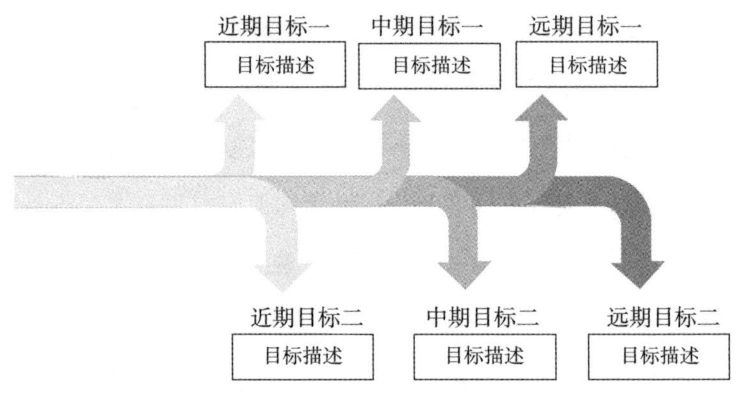


图二　描绘你的目标时间线

### ◎要设定哪些目标

人生目标包括六个大的方面：学习目标、事业目标、财富目标、家庭目标、人际目标、健康目标。这六个方面是互相关联、互相促进的。每个人如果只有这六个目标中的几个目标，那么他的生活一定是不完美的，甚至会出一些问题。中国古代有一个经典案例——范进中举。范进的目标只有一个就是学习目标，结果当他最终实现的时候，终于不能控制自己的精神状态。一个哈佛大学的中国留学生拿到了自己的博士学位后，竟然跳楼自杀了，因为他发现学习目标达到后他不知道活着应该干什么了，觉得人生没有意义了。有的家庭主妇每天待在家里，时刻关注自己的丈夫在外面干什么，除了这个家庭目标以外就没有其他的目标，最后导致家庭破裂的例子数不胜数。

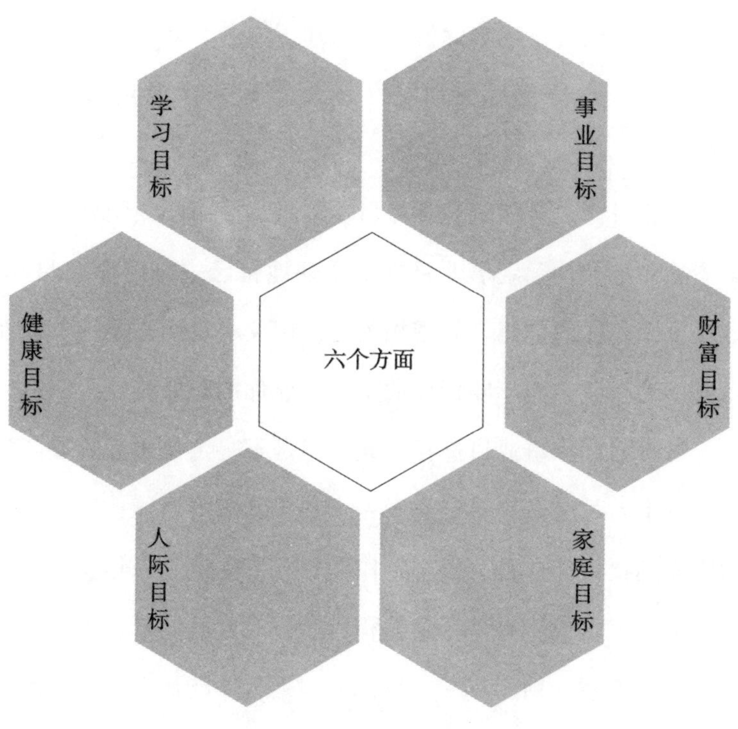


图三 六个方面的目标

学习目标是每个人从一出生就被父母和社会开始设定的，所以是大家最为熟悉的目标。但是大家一定要记住，在学校里面完成的教育只是人一生中接受的教育的很小一部分，这一部分主要是为了让你打好基础知识，锻炼学习能力，而你知识结构很大的一部分是靠一生中的持续学习不断获取的。只有抱着终身学习的理念，你才能随时更新知识体系，补充完善知识结构，在这个竞争的社会中立于不败之地，达成自己的事业目标。

事业目标也是伴随着学习目标逐步达成而渐渐明确的。大家要学会从被动确定事业目标到主动地自己去确定事业目标。事业目标和你的梦想是紧密相关的，记住一句话，把你的职业当成你的事业，而不要把你的事业当成你的职业！

财富目标和事业目标相关联，但是不一定是永远直接匹配的。每个人都应该为自己定下一个基本的财富目标，比方说大学毕业刚找到工作时，根据工作的收入情况定下每年获得的财富数字，工作五年有了一定的积累后，为自己定下接下来的财富目标和理财计划。有一个目标和规划，才能让自己收获满足感，并一步一步去前进，不至于在“我要赚大钱”的潜在声音里迷失自我，永不满足。

家庭目标在中国是一个很神奇的东西。很多时候中国的父母害怕孩子早恋，所以一直严格监督孩子和异性的交往。而一旦孩子从大学毕业参加工作，又马上开始要求孩子找一个门当户对的结婚对象。这样的心态和方式让我们的孩子无所适从。相比而言，美国的父母在这方面要做得好一点。他们会鼓励孩子和异性的正常交往，但是会教孩子正确的方式，即使对待月经、性、避孕套、生孩子这种中国父母难以表达的问题，也可以给孩子一些交流和教导。我们的孩子们其实从小就应该确立自己的家庭目标，并且在成长的过程中去完善并实现它。家庭才是一个人在社会里面最基础又是最重要的一个需求。没有和睦美满的家庭，成功又有什么意义？所以我们每个人都应该好好想想自己需要什么样的家庭，怎么和父母相处并回馈他们对你的爱，自己想找怎么样的人生伴侣，自己教育小孩的理念和方式是怎么样的，这些问题都应该列入家庭目标的思考范畴。

人际目标是人生中很重要的一个目标。人是社会动物，人的存在感和价值感是来自社会交往中自己和他人的互动关系。我们每个人必须找到合适的方法去拓展自己的人际关系，只有这样才能增加我们的生存价值，并大大增加我们成功的几率。

健康目标是人生目标中的基石，因为没有健康，上面的五个目标都是零。而进入 21 世纪后，由于人类对自然的过度和不适当的利用，导致全球环境问题日益严重。空气、水、食物，我们赖以生存的三样东西都遭到不同程度的污染。只有我们每个人都加强保护意识，团结起来，摆脱囚徒困境，为了人类的生存和发展做出每个人的努力，才有可能获得可持续的发展。对于我们每个人而言，我们更要制定自己的健康目标，从营养学的实施到身体的锻炼，再到对心理状态的管理，都要制定相应的目标。这三点是互相影响、密不可分的，只有都积极地去管理才能达到身心的健康，为成功打好基础，从而获得幸福的生活。

### ◎如何设定目标

首先，每一个目标都是由阶段性目标组成的。就拿学习目标来说，从小学到中学，再到大学；读完本科以后，接着读研究生；工作以后回到学校再修一个学位；自己在业余时间修学不同的专业知识……这些都是阶段性学习目标的体现。再比方说健康目标，一年四季春夏秋冬的健康管理都是不一样的，青少年和中老年的健康管理又是不一样的。所以，在设定目标的时候，每个目标都需要由长远的目标加上阶段性目标组成，这样设定的目标才是合理有效的。只有眼前的阶段性目标，没有长远的目标，会导致每个目标实现后，下一步不知道何去何从；只有长远目标，而没有阶段性目标，会导致这个目标的实施性不强，并且由于难以一步达成，反而会让人容易放弃。

其次，目标要具体化。比方说一个运动员的目标是跑得再快一点，这样的目标是不是很难实现呢？所以我们确定目标的时候要尽量让目标具体化，可衡量，这样实现的可能性会更大。比方说准备托福考试，要在三个月内把分数考到 110 分，可以制定两个阶段性目标，第一次考试要达到 100 分，第二次考试要达到 110 分。这样既阶段化，又具体化，就比仅仅说我要考高分更容易实现了。

再次，确定每个阶段性目标的时候，一定要专一。就像歌德说过的那样，一个人不能骑两匹马，骑上这匹，就要丢掉那匹。很多学生跟我说，我要出国和国内考研同时进行，万一没有申请到国外好的大学，我就在国内读研。从某种程度来讲，这有点像不把鸡蛋放在同一个篮子里面。可是从深层次来讲，一个人怎么可能有那么多精力，既准备托福考试，又准备国内的考试，而且还要兼顾实习和社团活动。如果不能全身心去投入做一件事情，最后的结果很可能是两边都没有好结果。相反，如果能确定一个合理的目标，并为之付出全部的心血，那么一定会成功达成目标的。

最后，制定目标要有挑战性。有的孩子跟我说，我就在国内保研算了，出国读书又要托福考试，又要做申请，到了国外又要自己租房子，太难了。如果永远都只是做自己会做和能做的事情，那么就永远达不到自己潜力所及的最好状态。

### ◎如何实现目标

实现目标最关键的一个因素就是制订相应的计划。计划分为从年到月，从月到周，从周到日。大家对于年和月的计划都比较会制订，因为相对而言比较抽象，比较好计划。但是对于每周和每日，尤其是每日的计划，大家往往容易忽略。我经常听到学生们说，我下个月考托福，这个月我就每天学习。我问他每天怎么安排，他回答说就是每天学啊，从早上 8 点到晚上 12 点。这样的计划，不是中途坚持不下去，就是不知道怎么坚持，还把自己苦得要死。所以制订每日计划关键在于，要从早上 8 点到晚上 12 点，具体每个小时做什么，在记事本上面提前写下来。每周每月的计划同样如此。这里涉及时间管理的问题，会在后面来详细讲这个问题。

此外，计划需要不断地反思和总结，并在此基础上来作调整。每天晚上睡觉前，要回顾今天的计划实施情况，如果有没有做到或者做了以后效果不好的，就要看计划存在什么问题。如果是自己的问题，比方说心态没有调整好或者是身体不舒服等，就需要好好调整自己，慢慢来适应。如果是计划本身有问题，无法实施，那么就需要调整计划，以符合自己的实际情况。

这样不断地为自己的目标制订计划，并在实施过程中予以反思和调整，如此循环往复，就一定能够不断实现自己的短期目标，从而一步一步实现自己的长期目标，实现自己的梦想，最终获得成功！

## ◎人生的偶然性

有时候你制定了正确的目标和完美的计划，并严格实施，可是最后还是没有达成目标，这样的情况经常会出现。那么我们该怎么办呢？难道所有做的这一切都没有用么？在此有一点不得不提醒大家，人生有时候就是一场偶然。

有时候我们尽了自己的最大努力，但是一直达不到自己想要的目标，对此第一不要对自己丧失信心，因为有另外一个更好的目标在等你，第二不要怨天尤人，因为别人帮不了你。中国有句老话说得好，叫做尽人事，听天命。

既然如此，就偶尔期待一下偶然吧，暂时把自己交给命运的安排，也许比自己拼死努力得到的回报更大呢！

旅行的乐趣在于旅途，人生的乐趣也在路上。这种为目标而努力的过程所产生的成就感和期待感会让你的人生有莫大的充实和幸福！享受这个过程吧！

> 长期计划模板

| | MONTH | | | | | | | | | | | | | | | | | | | | | | | | | | | |
|---|---|---|---|---|---|---|---|---|---|---|---|---|---|---|---|---|---|---|---|---|---|---|---|---|---|---|---|---|
| | 1ST WEEK | | | | | | | 2ND WEEK | | | | | | | 3RD WEEK | | | | | | | 4TH WEEK | | | | | | |
| | 1 | 2 | 3 | 4 | 5 | 6 | 7 | 1 | 2 | 3 | 4 | 5 | 6 | 7 | 1 | 2 | 3 | 4 | 5 | 6 | 7 | 1 | 2 | 3 | 4 | 5 | 6 | 7 |
| TASK 1 | | | | | | | | | | | | | | | | | | | | | | | | | | | | |
| TASK 2 | | | | | | | | | | | | | | | | | | | | | | | | | | | | |
| TASK 3 | | | | | | | | | | | | | | | | | | | | | | | | | | | | |
| TASK 4 | | | | | | | | | | | | | | | | | | | | | | | | | | | | |
| TASK 5 | | | | | | | | | | | | | | | | | | | | | | | | | | | | |
| TASK 6 | | | | | | | | | | | | | | | | | | | | | | | | | | | | |
| TASK 7 | | | | | | | | | | | | | | | | | | | | | | | | | | | | |

图四　长期计划模板

> 每日计划模板

| | 8:00-10:00 | 10:00-12:00 | 12:00-14:00 | 14:00-16:00 | 16:00-18:00 | 18:00-20:00 | 20:00-22:00 |
|---|---|---|---|---|---|---|---|
| TASK 1 | | | | | | | |
| TASK 2 | | | | | | | |
| TASK 3 | | | | | | | |
| TASK 4 | | | | | | | |
| TASK 5 | | | | | | | |
| TASK 6 | | | | | | | |
| TASK 7 | | | | | | | |

图五　每日计划模板

| 项 目 | 给自己打分（1~20） |
| --- | --- |
| 自 信 | |
| 乐 观 | |
| 认 真 | |
| 承 担 | |
| 奉 献 | |
| 坚 持 | |
| 迷 茫 | |
| 恐 惧 | |
| 完美主义 | |
| 本周总得分 | |

图六 每日心态管理

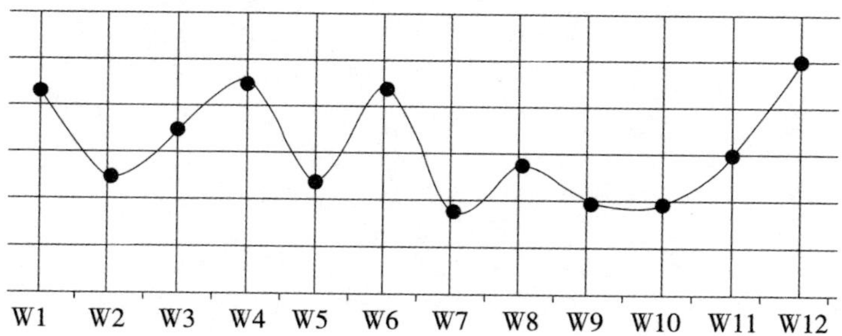


- 每周打分一次。
- 50周做一个情绪曲线图。
- 该曲线为示例

图七 情绪曲线图

总结：

有了梦想和目标，现在就需要提高自己的各种能力，来实现自己的梦想，获得我们想要的成功。

成功的公式：成功=智商+情商+财商

那么我们应该如何提高自己的“三商”呢？

# 第三章
# 关于智商

## ◎智商能提高么

从字面意义来理解的话，智力商数所代表的那个数字可能无法被提高，但是，每个人都可以通过学习让自己变得更聪明，更有知识，借以提高成功的机会。美国获得奥斯卡奖项的电影《阿甘正传》正是想向我们讲这个道理。阿甘是一个智力低于常人的孩子，但是他通过自己的努力，做成了很多的事情，一直在成功的道路上前进。

所以智商是可以提高的，通过学习！

曾经看到一个调查报告说，如果一个人每天对一个专业的知识学习一个小时，那么三年后他将成为那个行业的专家，八年后他将成为世界级的专家。这其实就是说只要坚持学习，一切皆有可能。

### ◎学什么

（一）最重要的一点是要学习如何提高各种能力

这里谈一下需要提高的三个基础能力。

学习能力包括注意力、观察力、记忆力、理解力、想象力、思维力、创造力以及表达力、操作力等方面。李开复在他的《做最好的自己》中提到的学习有四个境界：熟能生巧、举一反三、无师自通和融会贯通。这四个境界一环套一环，首先是在老师的引领下，学会基础知识和掌握基本能力，然后将学到的东西能够反复运用到其他的学习上，再到掌握自学能力和自学方法，最后达到所有知识和能力的融会贯通。

学习能力中，记忆力一直是大家最苦恼的一个问题。大家每天都会反复提到，为什么英文单词我都记不住，为什么昨天记的今天就忘了。要解决这个问题，大家首先要作好心理准备，即记忆是一种技术，是需要并且可以通过训练来提高的。可能有的人天生记忆力好，有的人天生差一点，但是我们不能停留在这里，不能因为我记忆力不好，就归结于别人记忆力比我好，我还是算了吧。如果放弃的话，你永远只能停留在原地，更何况，你看到的记忆力好的人只是他很擅长训练自己的记忆力而已。

遗忘的原因是什么呢？一种观点认为是由于记忆痕迹的衰退，随着时间的推移自然发生。除了衰退以外，干扰是另一个原因。在学习和回忆之间，受到其他刺激的干扰也会导致记忆降低。还有一个原因就是压抑，对于不感兴趣的学习材料，学习者会采取主动的动机性遗忘。19 世纪末 20 世纪初的德国著名心理学家艾宾浩斯（Hermarnn Ebbinghaus）用“无意义音节”的实验方式证明，遗忘是在学习之后立即开始的，而且遗忘的过程是最初很快，以后逐渐减缓。根据实验数据所描绘的曲线就是著名的“遗忘曲线”。

根据遗忘的原因和机制，我们要加强记忆力，就要从以下几个方面来练习。首先，在学习的内容上要选择自己感兴趣的东西。如果完全是被动地学习，自己不但记不住，在记忆的过程中也会觉得很痛苦。所以当自己被安排学习时，一定要搞清楚，为什么要学习，真正认识到学习的作用，才能从内心深处不排斥它。其次，对于学习的内容，预习和复习很重要。尤其是复习的时间，一定要在接受了新的知识后，当天和第二天马上复习，因为根据“遗忘曲线”定律，学习之后的遗忘是最快速的。然后过一个星期，过一个月再来复习，这样的记忆效果会很好。最后，记忆有很多训练的技巧，比方说图画再现法、细节再现法、数字再现法等。记忆技术的训练是有趣的，如果你坚持去做，很快会发现自己的进步，这个进步同时又会给你更大的信心让你去坚持。

一个人能否成功，学习能力是一个很重要的因素。如果一个人永远都是靠别人来教自己做什么和怎么做，这个人永远不可能成功。所以大家一定要不断训练自己的学习能力，只有掌握了学习能力，才能在新的环境中开创属于自己的一片天地。会学习包括这样几个方面：首先是方法的问题，其次是如何培养兴趣和养成习惯，再次是训练思维方式和开发潜能，最后还需要向实践和社会延伸。

关于学习能力的训练，其实从大家进入学校开始，老师就在有意识地这么做，只不过老师的能力各有高低，使用的方式方法也是千差万别，再加上同一个老师用同一个方法去教，不是每个学生都能适应。这也就是为什么一个班的学生，有的学生觉得老师教得很好，有的怎么也听不懂老师在说什么。但是现在大家要学会关于学习的方法和理论，学习心理学方面的知识，有意识地去找到适合自己的学习方法，来提高自己的学习能力。

自从19世纪末心理学成为一门独立的学科开始，心理学家们就对学习的过程和方法进行了大量的研究，形成了很多系统的学习理论。从美国教育心理学之父桑代克（E. L. Thorndike）的联结说，到俄国生理学家巴甫洛夫（Ivan Pavlov）的条件反射理论，再到人本主义学习理论的罗杰斯（C. R. Rogers）和马斯洛（A. H. Maslow），他们的研究成果都对我们的学习有很大的帮助，很值得大家去了解和学习，从而找到更适合自己的学习方法。

这里给大家讲一讲元认知技术，这是近年来受到各国教育心理学界重视的一个研究课题。元认知技术指的是学习者运用元认知的能力，是学习者对自身各种认知活动的计划、监测和调控的技术。元认知，又叫反省认知，是美国心理学家弗拉维尔（Fulavell）在20世纪70年代提出来的，是以认知本身为对象的一种认知，是学习者对自己的认知过程的自我认识、自我反省以及自我调节。元认知之所以重要，是因为学习活动不仅仅是对学习材料的识别、记忆和理解，更重要的是学习者要对这个过程进行积极的监控和反思，只有这样学习才能达到最大的效果，所以我非常建议大家看一些这方面的书籍。

领导能力，这也是美国教育中最看重的一个能力，我们从美国大学的招生网站上无处不见的“Leadership”这个词就可以看得出来。领导能力包括组织能力、沟通能力等很多方面，最重要的就是在团队建设的方面，没有团队，哪里来的领导?

团队建设有三个核心要素，首先我们需要为我们的团队招募人才。每个人都有自己擅长的事情和不足的地方，人才之所以为人才，是他擅长的才干被用对了地方。比方说如果要乔布斯去做服装生意，也许就没有现在这么成功，甚至是完全一塌糊涂。在团队建设中，为了达成我们的团队目标就要选取合适的人才，我们就要提高“看人”的能力，学会当伯乐。有的人可能不细心，但是他很喜欢也很擅长和人沟通，我们就可以安排他去从事销售方面的工作；有的人可能不擅长沟通，但是写作文采飞扬，我们可以安排他去从事文字方面的工作。

其次需要对人才进行培训。选中了合适的人才，任由他们自己学习和发挥，显然达不到我们的要求，即使能勉强完成团队目标，也不可能超常发挥。所以我们一定要对人才进行培训，从技术方面，到能力方面，再到团队的理念。技术是人才进行工作的首要基础，一个餐厅的厨子，如果菜做不好，即使其他能力再强，也不是一个合格的厨子。有了技术还不够，还要制订一个对人才的提升计划，从学习能力、沟通能力等各方面来提升，这样才能保证一个团队可以很好地处于合作的状态。此外最重要的是理念的灌输。一个团队如果没有一个共同的理念，是没有办法齐心协力去完成目标的。领导者应该是一个把自己的目标，变成整个团队的目标，然后把团队的目标转化为个人目标的人。美国总统罗斯福说，我们之所以强大，就是因为我们的目标是一致的。也正是他带领美国走向全球领先的地位。可口可乐的目标是让全世界所有人都能喝到可口可乐，今天不论是在贫民窟还是豪华商业区，都能看到可口可乐的售卖，所以理念的灌输显得十分重要。

除了选择人才，并对他们进行培训外，还有一个最重要的问题，那就是团队社区化。就是要团队成员建立起互助互爱的亲密关系，让整个团队成员感觉到这是一个团队，而不是孤立的个人在一起工作。为此首先要培养团队成员的集体荣誉感，这才是团队的灵魂。当我们的团队成员有了荣誉感后，每个人都可以为了这个团队达成目标去付出自己的全部。在西点军校的教育中，它就一直把军人的荣誉感放在第一位，每一位学员必须熟记所有的军阶、徽章、肩章和奖章的样式和区别，记住它们所代表的意义，这就在无形中让每一位学员形成了为了荣誉而战的意识。其次要培养团队成员的归属感，让他们觉得自己是这个团队里面不可或缺的一员，一旦遇到问题，会第一时间想起团队的力量，并且感觉自己不是独自面对的一个人。

对一个领导来说，还有一个问题，就是使命感和责任感。如果一个领导者不具备这两个特点，就很难让团队成员跟随并服从。

必须要说的是，管理是需要学习的，这就是为什么有个学位叫 MBA，即工商管理硕士学位。虽然有人天生就具备领导的潜力，但是后天不加以学习和锻炼，会被荒废；反之，即使天生在这方面不是很擅长，但通过不断的学习和锻炼，也是可以得到很大的提高的。

关于销售能力，很多孩子都跟我探讨：老师，我以后不学市场营销，我为什么要提高销售能力啊。我想告诉每个孩子，人在一生中，在自己的生活里，你一直在做个人营销，从谈恋爱到找工作，这一切都是销售。

孩子们总是在和招生官和招聘官的面试中不知所措，这其实就是一个个人营销能力的问题。你和招生官的沟通，其实就是推荐自己推销自己的一个过程。从你的衣着打扮，到你的谈吐气场，再到你表达出来的你的梦想和理念，这一切都是打动招生官的细节，而不仅仅是去回答招生官的问题。在这个世界上，学问知识比你多的人太多了，形象气质比你好的人太多了，而你要学会的是，怎么表达“独特”的你！

（二）我们要学习各类知识，而不应局限于某一方面的书本知识

现在社会上最大的问题，就是学习是为了考试。凡是和考试无关的东西，从父母到老师，都不感兴趣。有时候即使孩子对某些事情感兴趣，大人们一定会以浪费时间为由，阻止孩子去做。

我每天在做咨询的过程中，都跟孩子们说，你们要学习除了英语以外的东西，虽然你现在是在准备托福考试，可是托福考试除了考你的英语水平，也考你的知识量。我希望孩子们能够利用每天的一点时间，看看各个学科的知识。可是父母们会站出来说，这些东西以后再看，孩子现在的重点是要准备托福考试，其他的都不要做。然后孩子们也会站出来说，现在不要让我做别的事情，我单词都背不完。孩子们就在一个又一个考试中度过了自己的少年期和青年期，直到进入职场，又为每天的工作和生活忙得团团转。到最后，孩子们成为了大人的时

候，自己有孩子了，又进入这个恶性循环的过程中。

考试是为了什么？为了进好的学校！进好的学校是为了什么？为了更好地学习！那么既然是这样，为什么不能在学习考试技巧的同时，也多多学习一些孩子将来用得上的知识呢？乔布斯的成功是大家都知道的，就是因为他退学后，上了字体的课程，接触了 Serif 和 San Serif 的字体，才有了后面第一台苹果机里面的字体的理念，才使得我们每个人的电脑里面有各种漂亮的字体。所以我们在人生的道路上，应该尽可能地建立全面的知识体系，让自己的视野更开阔，增大成功的可能性。

这里不得不提的一点是，大家一定要学习历史和人文方面的知识。这一点也是美国的本科通识教育所提倡的。因为不管是文商科还是理工科的学生，甚至是艺术类的学生，如果不知道我们所生活的这个世界是怎么进展到今天的这个样子，那么将会很难理解他所学习的学科的现状，并且很难在所学领域有所成就。成功都是站在前人的肩膀上，具备跨学科跨民族的思维方式，将会为成功带来新鲜的视野。

最后要强调的是，在学习各种知识的过程中，尽量多看来自不同国家的作者的著作，多听不同人对同一问题的看法，不要局限在一个思维模式里面。因为站在更高的高度去看待问题，从不同的方面去理解问题，才有助于对问题有更深刻的认识，才有可能从中找到成功的路径。

说到这一点，也必须提到关于英语以及其他外语的学习了。我们的英语学习大多被限制在为了考试这个目的上，从而丧失了语言学习的最初目的，即交流和了解。这样一来，孩子们就是为了学习英文而学习，没有任何兴趣可言。如果我们让英语学习恢复到原本是为了交流和扩展视野的目的上来，孩子们的兴趣是不是会更浓厚一点呢？

（三）我们需要学习时间控制和管理

最近很流行的一首歌叫做《时间都去哪儿了？》，歌曲本身想表达对情感和成长的一种感觉，歌名却反映了现在人们最大的困扰。孩子们总是对我说，时间不够啊，要是有时间，我一定完成任务，要是有时间，我一定考高分……时间确实永远是短缺的，也没有替代品。可是大家有没有想过，你没有时间，别人就有时间么？而且往往你会发现成功的人做的事情更多，却能每件事情都完美地做好，这又是为什么呢？答案就是你需要做时间控制和管理！

首先你需要做的第一件事是，了解自己的时间都去哪儿了。放一张白纸在身边，记录下每个小时你在做的事情，从早晨起床到晚上睡觉，列成一个表格的形式，特别是你在玩手机、开小差、吃零食的时间，还有超出计划外临时发生的事情需要去处理的时间，越详细越好。这个表格会告诉你，你的时间去哪里了。

我们之前曾说过，每个人的目标都是立体的，不是单一的，所以对于时间控制和管理来说，就不是简单的一句：我最近的任务就是考托福，从早到晚作准备，其他的任何事情都不想去完成。其实，不管是在学习中还是在工作中，如果将完成任务的方式体系化，你就会发现时间原来是够用的。

那么如何做到体系化呢？

一个人每天的任务是可以分为两种类型的：操作类的和思考类的。

对于学习而言，比方说准备托福考试，操作类的任务就是背单词、做阅读题，思考类的任务就是写作。那么我们要学会把操作类的事务放在固定的时间来做。比方说背单词，可以放在每天早上起床后的一段时间里去完成。假如还有一个月要考试，需要背 9000 个单词，那么就需要在每天两个小时内背 300 个单词。这些单词并不是你完全不懂，只是需要加强熟悉而已，所以每天的两个小时是看完当天的 300 个单词，再翻一遍昨天的300个单词，这样循环一个月，就会有很好的效果。思考类的任务，比方说写作，需要放在非固定的时间，比方说每天需要留时间出来锻炼身体，这个时候可以在脑子里面多思考，如写作的结构和思路等。等锻炼完后，花一点时间把思考的结果总结下来，并进行写作练习，这样的效果比一直枯坐在写字桌前思考会好很多。

对于工作而言，操作类的任务就是对每天日常的工作进行管理。这一类任务需要定时定量地完成，不能有拖延。对于思考类的任务，比方说上一阶段工作效率不是很高，就要反思原因。这一类思考性的任务，需要记在单独的日志本上，不断提醒自己在操作类任务完成后去积极思考。

其次，对于学习和工作中的计划和任务一定要记在日志本上。每天计划的安排要细到每个小时。要写下每天每个时间段的安排，然后每完成一个，就打钩。到了晚上睡觉前，检查自己的完成进度，适时调整明天的安排和下周的安排。一定要注意每个小时的安排一定不能只是同一件事情。一天24小时的安排，一定要涉及从吃饭睡觉到常规日程安排，再到目前最重要的任务安排。

再次，要对自己的任务作一个排序。在作每日每周的时间安排时，除了一些不能安排的时间，比方说上课和开会，在自己可以支配的时间中，一定要把最好状态的时间留给最重要的事情。而对于达成目前的目标不那么重要的事情，可以把时间分散开，每隔一段时间做一次。

最后，必须学会运用 80∶20 法则，世界上 80%的事情都是在 20%的时间里完成的，所以一定要利用好每天的零碎时间，比方说回家的路上、会议之间的休息时间等。

给自己留十分钟，休息一下！时间管理不是为了让自己 24 小时满负荷地运转。时间管理是为了让我们学会劳逸结合，劳的时候在单位时间内达到最大效率，逸的时候那就完全放松自己。现在整个社会处于一种高强度的运作中，如果我们深陷其中，跟随着匆忙的脚步停不下来，正如我们开车永远只踩油门，那将会带来一个什么样的后果呢？

### ◎怎么学

关于读万卷书。现在的孩子们都沉浸在网络世界，从某种程度上来说是一件好事，因为可以开阔大家的视野。但是也有一个问题，网络上面的新闻和言论缺乏系统性，这方面在书籍的阅读中可以得到改善。读书的过程中，要带着批判性思维和创造性思维，不要一味全盘接受别人的观点，要在别人的思路中去批判，进而在这个基础上，形成自己的思维方式，并有所延伸。所以建议孩子们养成阅读的习惯，除了教科书外，更应该主动建立自己的阅读体系，从而形成自己的知识体系。

建议大家多看看别人的自传，从别人的故事里获得经验，因为写自传的人都是比较有成功经验的。另外也要学会和成功人士交朋友，让他们的自信、热情和经验感染你。

关于行万里路，也就是观察和实践。书本的知识永远都是停留在别人把见到和学到的东西再加工表现出来这个阶段上，所以如果要形成自己的知识体系和判断，亲自去看去体验，也是同样重要的。我个人是很喜欢旅行的，在旅行的过程中，不但增加对人文地理知识的了解，更多的是获得对生活的感悟，对生命的体验。留学这件事也很重要，能够在年轻的时候，在另外一种文化中，停留感受一段时间，对个人视野和心胸的开阔，对批判性思维和创造性思维的锻炼有很好的作用。

学习的过程中需要做笔记，做笔记也是一门需要学习的技术。首先说说笔记记什么？很多人在听课的过程中，想把老师说的东西全部记下来，这么做效率是很低的，一方面你很难记下老师说的全部内容，另一方面，你在尝试记下全部内容的时候却忽略了听讲过程中的听和想，如此一来，记笔记就变成了一种没有任何意义的浪费时间行为。所以笔记记的是提纲、重点和难点。提纲便于我们回忆整个过程和思路，重点让我们知道在哪个地方去做发散性思维思考，难点则是提醒我们之后要进行消化和攻克。

另外做笔记需要准备好不同颜色的记号笔，在记录的过程中，用不同的颜色去区分不同的知识点，这样不至于在回忆的时候模糊混淆。最后建议在笔记本每一页都留出三分之一的空间，便于温故而知新的时候做记录。

最后要说的是，笔记这件事，不仅仅是在听课或者听讲座的时候需要，平时在看书的过程中，在旅游的过程中，都是可以把自己的所学所想记录下来的，日后在回顾的时候，慢慢形成自己的知识体系。

# 第四章

# 关于情商

## ◎情商的五个方面及其作用

情商包括认识自己、管理心态、自我激励、识别他人和人际交往五个方面。作为一个经常和智商相论的概念，很难说哪一个对人的成功更重要。智商和情商，是一种相辅相成、缺一不可的关系。

## ◎认识自己

第一次看到这句话是小时候看一篇希腊游记，作者说在阿波罗神庙刻着一句铭言：人啊，认识你自己。十岁的我完全不明白这是什么意思，我们最认识的人就是自己啊，为什么这么简单的一句话还值得刻上去。20 多年过去后，我才深刻地懂得，人为什么要认识自己。

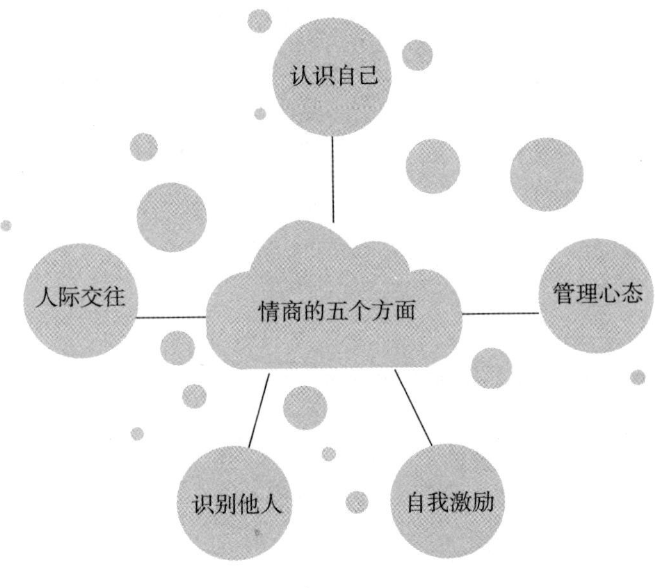


图八　情商的五个方面

对于现在的孩子们来说，他们认识的东西太多，认识的地方太多，恰恰是自己，认识得太少。有的是没想过要认识自己，有的是想认识但是没能力看清自己，更有的是想认识自己也有能力认识自己，但是害怕面对自己的不足。每个人只有正确地认识自己，才能和生活和平相处，才能找到自己的梦想，才能实现自己想要的成功。

就拿学习来举例，我们只有认识到自己的优势，才能取得好的效果。在学习过程中，我们需要各种感官的参与，比方说视觉、听觉、嗅觉、味觉等。每个人都有自己的优势感觉，这种感觉的功能比其他的感觉要敏感得多，强大得多。我们在学习的过程中会优先运用这种感觉，运用得当的话，会取得很好的效果。根据这种特点，我们把学习者分为不同的类型：视觉型、听觉型、动觉型和综合型。这种学习类型的形成和每个人的性格特点一样，有复杂的因素，但也是在先天遗传因素加上后天环境影响作用下形成的。所以只有我们认识到自己是属于哪种类型的学习者，我们才能更好地利用自己的长项，提高学习的效率。

前面我们讲到如何用乔哈里视窗来分析自己，这里再提供一个有效的方法。准备一张白纸，在上面连续写下 20 个“我”开头的句子，限时五分钟。不知道你是不是已经写出来了呢？

一般来说，开始写的时候都会觉得比较简单，比方说我喜欢玩电脑游戏或者我很爱哭，这些写的都是表面东西，再往下的几条就会是自己比较浅的潜意识里面想要表达的诉求和烦恼，再接下来就可能是自己深层次的潜意识里面想要表达的东西，最后如果可以坚持多写几条，说不定就可以触碰到沉睡在自己身体里面不曾触碰到的一些意识和潜力。

“我”写得比较多的人属于愿意了解自己，并且也了解自己的人。写得很多，但是基本局限在一些表面问题上，比方说我喜欢吃巧克力或者喜欢看电影，这样的人是属于较少跟自己内心对话的人；而有的人写得多，且涉及很多内心的诉求和烦恼，这样的人就具有反思自我的倾向。

这个方法和乔哈里视窗配合起来用，效果会更好。我们通过这样的练习来认识我们的性格特点，找到我们的能力所长，最后发现我们的内心诉求。

性格和能力都是受到先天因素和后天环境的互动影响，并且随着年龄和环境的改变而改变。首先，我们要知道想要认识自己的性格特点和能力所长，这是一个难点，需要自己有意识地不断去做，才能慢慢对自己越来越了解。其次，要有意识地去改变一些阻碍自己前进的性格，并加强能力锻炼。

### ◎管理心态

积极的心态决定了你生活的幸福指数和你未来的成功系

数，所以一定要积极地管理自己的心态，这样才能达到最好的效果。相反，如果放任自己的心态任其发展，则消极很容易战胜积极，会让你在不知不觉中消沉下去。

我们来看看积极的心态包括哪些方面，如何去管理。

自信。当老师这么多年，我发现最大的问题就在于，孩子们总是在目标面前畏手畏脚。最终，目标没有实现的原因，并不是孩子不够聪明，而是因为时间总是在他徘徊、犹豫、自我怀疑的时候过去了。孩子们问我最多的问题是，老师，我学不好怎么办？老师，我做不到怎么办？我总是这样回答，你还没有开始，你怎么知道不行？这就是自信的问题，要相信自己，相信自己可以做到。有自信的人，在很多机缘的影响下，不一定会成功，但是可以肯定的是，如果没有自信，一定不会成功！

如何做到自信，首先从心理学的角度来说，我们要通过“心理暗示”做到“自我接纳”，以获得内心的完美状态和对自己的信赖。比方说，我总是会跟一些不太自信的孩子们说，你真的很美，你真的很聪明。我告诉他们每天早上照镜子的时候，也对自己这样说。要从内心深处欣赏自己，每个人都有自己的特点，而不是以明星或者名人为标准。在为目标而努力的过程中，可以写一张纸条在你的面前：我可以做到，并且每天对自己大声说出来："我可以做到，yes，I can！"当一个人具有从内心深处散发出来的自信时，他周围所萦绕的光环，会让他有着与众不同的气质和气场，也会让周围的人都积极地帮助他。

其次，对每次成功的事情要记录下来，并且和自己的家人朋友一起庆祝。尤其是对于缺乏自信心的人来说，哪怕一点小小的成就，也要这么来做。这样一次一次的积累，就会让他们相信自己的能力，从而增强自信心。

当然，这里也提醒大家，不要盲目地过度自信，一旦越过界限，就变成自负，反而影响了自己的进步和发展。

乐观。世界上的事情总是有两面性的，就如中国的一句古话"福祸相依"。所以遇到好的事情，要客观地去思考，预计到相应的负面问题，作好充足的准备，让好的方面持续发展；遇到坏的事情，更应该去想好的方面，并动脑筋想办法让坏的方面向好的方面转化。

其实有的时候，我们只用换个角度想问题，事情就会变得不一样。有一个妈妈有两个女儿，一个女儿是卖雨伞的，一个女儿是卖遮阳草帽的。每次出太阳，她就唉声叹气，说我女儿的雨伞卖不出去啊；每次下雨，她就愁眉苦脸，说我女儿的草帽卖不出去啊。如果她换个思维方式，出太阳的时候想女儿的草帽肯定卖得好，下雨的时候想女儿的雨伞肯定卖得好，这样不是每天都很开心么？这就是悲观的人和乐观的人的区别。悲观并不能改变事情的状态，还阻碍了你的前进；但是乐观能让你积极面对困境，从而找到解决问题的方法。

认真。做好任何一件事都逃不过“认真”这两个字，这也是从小我们就被告知的一个道理。在此有两个问题要注意，一个是全身心投入，一个是注意细节。这两个方面是相辅相成的，只有集中精力去做一件事，才可能注意到细节；只有注意了细节，才能把一件事做好。就拿学习来说，孩子们最常说的一句话就是，这个题我会做，就是没注意。可是一个没注意就会导致失败啊。还有的孩子在联系国外大学的教授时，在邮件里，把老师的名字写成另外一个老师的名字，老师回信说，这不是写给我的信。机会总是难得的，没有那么多的机会让我们挥霍，每一次的不认真可能导致机会的丧失，有时候甚至是终生的遗憾。

承担。“没有任何借口”，这个西点军校两百多年推行的最重要的行为准则，现在已经是广为人知。而在这样的理念下培养出来的西点军校毕业生们，已经在社会的各个领域和行业里取得了令人瞩目的成就。这其实就是要我们每个人学会承担责任，对于目标要不遗余力地去想办法达成，而对于没有能够完成的任务要学会去分析问题及解决问题，而不是找借口推脱。

这一点也是我们的孩子们需要去反思的。现在很多的孩子一遇到问题，就责怪社会、责怪父母、责怪老师，把所有的责任都推到别人身上，而自己不去反思。这个社会是公平的，你看到别人顺风顺水的同时，有没有看到别人的努力和艰辛？所以任何时候，我们都要从自身去找问题，去主动承担，如此才能有所进步。

承担责任在团队合作中同样重要。现代社会是一个分工明确的社会，那么对团队合作就提出了更高的要求。在一个团队里，只有团队成员都勇于承担，积极配合，才能取得成功。如果一个团队的成员都逃避责任，互相推诿，一定不能达成目标。

奉献。我们每个人都是社会里的一分子，我们在一起互相依赖、互相合作，一起幸福地生活。也正是相互间的联系，才让我们有生存的价值。每一个人的成功都是在为他人作贡献的基础上而取得的。就像我们说的梦想，如果不能为别人带来好处，这个梦想是不能成为梦想，更不可能成功的。

社会首先是由每一个家庭组成的，所以我们每个人都要为家庭有所奉献，这样我们才能有平和而满足的心态。有一次在课堂上，我问一个 15 岁的小女孩，你的爸爸妈妈这么多年来一直在养育你，付出精力和金钱，你觉得他们为什么要这么做，或者说你为什么值得他们这么做？小女孩淡定地回答我，因为我能带给他们爱和快乐。我当时就被这个小女孩感动了，一方面是她这么小就懂得付出是相互的，你给予我，我也给予你，另一方面是她知道用爱来回报爸爸妈妈。反而是现在的大孩子们，到了 20 多岁，还在一味地要求爸爸妈妈为自己付出，如果爸爸妈妈对自己稍微要求严格一些，还叛逆地顶撞他们。这是值得我们好好想想的问题，我们应该怎么去为爸爸妈妈，还有其他的亲人作奉献呢？

其次，我们要学会对这个社会作贡献。就像在申请美国的大学时，我们都会为了申请而去做公益活动，做公益活动不只是为了申请加分，更多的应该是从做公益活动的过程中收获成长和幸福。在帮助别人的时候，你会收获到正能量，从而坚定你努力的决心和信心，有助于你在工作和生活中顺利前进。

坚持。我们在朝目标前进的时候，有两个大的拦路虎常常会出现，其中一个是困难和曲折。我们确立的目标之所以为目标，是因为达到这个目标有一定的距离和高度，所以困难和曲折在实现目标的路途上是一定会遇到的。那么遇到难处怎么办？灰心丧气地放弃，还是积极想办法解决问题，这就是你的选择。不管最后能不能达到目标，只要你在想办法，就总会往前进，甚至很多时候，即使你本来设定的目标没有达成，却因为你在想办法解决问题的时候达成了另外的成功。然而，如果你选择放弃，那么结果就显而易见了。所以相比较而言，选择克服困难才会对你的人生有所帮助。

还有一个拦路虎，就是枯燥。比方说在准备申请国外大学的过程中，首先我们就需要准备英语语言考试，这个准备考试的过程是日复一日地背单词、做练习。很多孩子耐不住寂寞，往往受到各种诱惑，从电脑游戏到看电影，从逛街购物到打篮球。我并不主张每个孩子在为自己的目标努力时，放弃正常爱好，一味地只是学习或者工作，这种苦行僧的日子没有办法长久地坚持，更何况一个人如果没有丰富的生活，生存的意义也会降低。我希望每个孩子都能做好时间规划和管理，把每个人生阶段的目标定下来，并为之做好计划。长到一个月的安排，短到一天从早到晚的时间，都需要计划好。这样每天都有学习的时间，休息的时间，娱乐的时间，才能保证身心愉悦并且充满激情地在前进的路上奋斗。

我们再来分析一下和积极的心态作斗争的负面因素有哪些？

迷茫。这是现在的年轻人最大的问题。很多孩子在现在的教育体制下，都以考试分数为目标，从小升初到中考，再到高考，进入大学后，又是四六级以及各种资格考试，一方面是考试压力带来的抗拒心理，另一方面是对未来的未知和不确定，这两方面的因素导致现在很多孩子心里产生孤独感和空虚感，在自控力和学习动力上有所缺失。

我们应该认识到考试并不是我们人生的终极目标，考试是为了检测我们的阶段性学习是否达到了效果。我们不是为了考试而学习，应该是为了学习而参加考试。那么学习又是为了什么呢？学习就是为了达成我们的目标，实现我们的理想。我们应该多多思考自己的梦想是什么，只有为自己的梦想而努力学习的时候，迷茫的感觉才能慢慢变淡。

同时我们还可通过设定目标和管理时间来控制压力，这样会有助于减少迷茫。很多时候，我们要给自己的人生一点时间和空间，一边努力，一边静静地等待花开。

恐惧。恐惧有很多种表现形式，比方说焦虑、愤怒、嫉妒。在实现目标的过程中，我们会因为担心不能按时完成任务而焦虑，也就是形成所谓的压力，而这种焦虑又反过来影响我们的工作进程。生气和愤怒常常是因为我们和他人的观点无法达成一致，又不能站在对方的立场上去理解问题，才会产生这个负面的情绪。还有嫉妒，我们往往看到别人优先于自己达到目标，或者感觉别人有更多的有利因素去促成他们达成目标，这时我们常常会产生嫉妒的心理。这些负面的情绪，其实都是恐惧的各个方面，一个人内心足够强大的时候，是不会产生这些情绪的。

首先，我们要学会直面恐惧。生活就是一种体验，我们有梦想，我们有目标，我们希望实现，但是我们应该告诉自己，在达成目标的过程中，我们应该多多去体验生活。就像旅行，到达目的地后的放松和享受固然重要，但是到达目的地的旅途上的乐趣更是不可或缺的，除了可以欣赏沿途的风景，更可以享受旅途中期待的感觉，这种感觉真的是人生中很奇妙的东西。

其次，我们要学会控制自己。比方说生气，现代心理学家认为，生气的时候发泄出来，未必会释放自己的负面情绪。反而是生气的时候，深呼吸，放松自己，微笑，祈祷，用这些正能量的行为来让自己平静下来会更有效果。一个文学作品中的一句话深深地打动了我，从那以后，我就在生气的时候在心里对自己重复那句话：你生气的时候说出的话，不会消失，会飘荡在大自然，随风到达世界的某个角落。如果我们都在生气的时候大声说出不好的话，这个世界就会充满负能量，我们每个人都会是受害者。

最后，我们要学会让生活简单有序。大家一定从各种书籍和报道中看到，很多知名人士都过着简约而节制的生活，并从这种生活中受益颇多。现实生活中，我们很多人会用购物来发泄压力，可是最后的结果是买了很多并不需要的东西堆在家里。在生活上，有时候追求简单会让满足感来得更长久。另外，要学会定时清理自己的房间。很多孩子的宿舍乱到无法落脚，这样的空间，怎么能让自己振作起来积极去面对每一天呢？所以一定要学会收拾好自己的房间，把各类东西都分类放好，保持室内的通风和清洁。有时候买些植物放在窗台或者写字桌上，也是让自己在学习之余振奋的一个好东西。

尤其值得注意的是，现在很多人患有抑郁症，无法面对学习、工作和生活中的压力。这些年来，我们频繁地在报道上看到大学生自杀的信息。这些孩子在无望中，草率地结束自己年轻的生命，让我们惋惜。抑郁症的治疗，除了药物疗法外，更重要的是心理疗法，应引导他们以正确的积极的方式去思考问题。

完美主义。每个人都希望自己有出色的表现，并且最后取得成功。可是有的人在细节上面过分地追求完美，反而抑制了自己的发展，也会让身边的人很难适应。完美主义会让我们害怕犯错，害怕做得不够好，导致我们迟迟不敢行动，并出现选择恐惧症或者拖延症等各种症状，而实际上，这些症状都是追求完美的一种病态表现。

我们要从根源上找出为什么会有完美主义的倾向，从而正视这个问题，找到解决的办法。最重要的还是要鼓励自己，用心理暗示来自我接纳，然后制订好计划，在自己监督自己实施的同时，也可以找家人和朋友监督自己。同时要告诉家人和朋友，自己有这方面的困扰，让他们一起帮助自己，鼓励自己。

最近好多孩子会主动对我说，我有拖延症。我发现勇敢说出自己的症状的孩子，反而不是完美主义的追求者，似乎是对压力的自我逃避，并且找到了一个合理的理由来掩盖自己的逃避。其实逃避是因为内心的恐惧，勇敢地面对它吧！

### ◎自我激励

善于激励自己的人，会努力实现各个层次的人生需求，最终实现自我。马斯洛的需求层次理论把人类的需求按照金字塔的形状进行排列，从最底层的生理需求到最高层自我实现需求共有五个步骤。生理需求是指人生存的基本需要，比如食物、睡眠；再上一个层次是安全需求，是指从生理到心理的安全；再往上是社会需求，是指对于爱和归属感的需求；再往上是自尊需求，是希望被别人认可的需求，希望自己对别人有价值；最高一个层次就是自我实现需求，是实现自己的理想和目标的需求。根据这个理论，人具有一种内在的动力把自己不断推向这个需求金字塔，我们需要做的是，不断地让自己意识到这个问题，不断地用正确的方法提醒自己和鼓励自己。

欲做到不断地自我激励，有一个很好的办法，就是在床头放一个心态管理记录本，每天晚上睡觉之前来给自己心态的每个方面打分，并且根据每天的评分在本子的第一页绘制一个心态变化曲线图。这有两个好处，一方面是每天晚上通过给自己评分，来提醒自己需要保持的心态和自己做得不好的地方，另

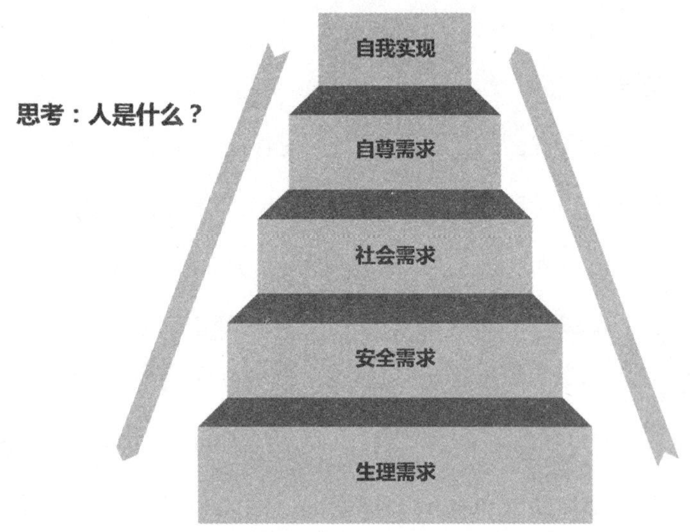


图九　马斯洛需求层次理论示意图

一方面是通过绘制心态变化曲线图，让自己看到心态的变化趋势，如果曲线平稳的话就保持，如果曲线不稳定的话就要调整。另外就是定时阅读一些传记类书籍和文章，通过别人的经历，来认识一个问题，即前途是光明的，道路是曲折的，这也会对自己是一个很好的激励。

自我激励还有一个重要的前提，就是保证身体的健康和高效运行。身心健康这个词，身在前，心在后，如果身体不好，心情也不会好。有研究数据表明，运动能够让大脑的兴奋与抑制过程进行合理的交替，在保持神经系统兴奋度的同时，避免了神经系统的过度紧张，从而达到消除疲劳、让头脑保持清醒的目的。在运动中所有的注意力都会集中在如何运动上，从而可以抛弃其他一切思想和情绪负担。另外，运动还能提高睡眠质量，保证在清醒时有充足的精力，这对于良好心态的保持显得非常重要。

一定要避免的事情是抱怨。抱怨就像口臭，自己没有感觉，却给别人带来了很大的困扰，导致周围的人离你远去。我们既要学会自己不抱怨，不给别人增加负能量，也要学会回避别人的抱怨，不当别人的垃圾桶。自己不抱怨和不接受别人抱怨的时候，会充满正能量，身边也会积聚和自己一样充满正能量的人，这就是人以群分的道理。同时，要学会每天抽空看一些小笑话，幽默会让自己开心，也会让身边的人喜欢你。

还需要跟大家分享的是，自我激励不代表不能有所谓“负面”的情感。有时候，“坏”的心情也有好处。比方说，愤怒可以成为一个人进步的动力，特别是对希望消除不公正或者不平等的人来说；焦虑产生的急迫心情可以激发人们的创新热情和解决困难的欲望。

### ◎识别他人

识别他人包括识别他人的行为模式和识别他人的性格和情绪。比起认识自己，识别他人似乎显得容易一些，但是我们也应更多地了解一下相关理论知识，从而让自己更理性地去识别他人。

根据理查德·班德勒（Richard Bandler）和约翰·格林德（John Grinder）于 1976 年创立的神经语言程序学理论（NLP），我们的视觉、听觉、触觉、味觉、嗅觉是我们认识自己与世界的途径，我们通过看、听、接触、闻、尝来了解世界。NLP 把人的行为模式分为三种：视觉型、听觉型和感觉型。当然这并不是说我们只通过一种方式来感觉世界，而是说我们在潜意识里会用我们最擅长的方式去做。当我们的交流对象采取和我们一样的“优先采用系统”时，我们总是会感到双方特别有共同语言，当然这中间还涉及双方的教育背景和成长经历。

我们如果能够学会去观察每个人的“优先采用系统”，我们就会更容易解读他人，从而达到更好的沟通效果。比方说和视觉型的人沟通时，我们要保持好的姿势，多给对方视觉的引导，如图片；和听觉型的人沟通时，我们要调整语调和语速，可能会产生意想不到的效果；和感觉型的人沟通时，多一点肢体语言，也许有不错的反应。

比起识别他人的行为模式，识别他人的性格和情绪会更困难一点。一个人的性格就像一个魔方一样，有多面性，我们要学会客观冷静地去识别这个人的性格，而不能因为自己的情绪去片面地判断别人。一个人的情绪会通过表情反映出来，所以在沟通的过程中，我们要多观察对方的表情变化，从而判断我们的沟通对对方产生的效应。

### ◎人际交往

人际交往的顺利与否是决定一个人能否成功的最重要的基石，所以美国的课程设置里经常有一节课叫做 network。这个世界是由人和人之间的互动组成的，每个人要想生存和发展都离不开他人，就像著名的物理学家牛顿说的："我之所以能够成功，是因为站在巨人的肩膀上面。"能否维护好自己和他人的关系，将会影响自己的生活和工作，所以非常建议大家要系统地学习关于沟通和人际关系的一些理论知识，并且不断去付诸实施，形成自己的风格，而不是随意地和他人交往。

在这里提几个小的建议，首先要学会采用不同的方式去认识更多的人，比方说定时去参加不同主题的聚会，或者参加各种讲座；其次需要随身准备自己的名片和通信录，为自己做好资料备份；再次要定时给自己的人际关系圈做不同主题的联系，以保持大家对你的关注。

在此想提醒大家，一定要学会欣赏他人和尊重他人，因为每个人都有自己存在的价值和优点。学会关注他人，从成长经历到兴趣所在，从别人的身上学习经验和吸取教训，这会对我们的成长有很大的帮助；同时，对他人的关注会让他人尊重我们，并且给我们提供帮助，让我们在成功的道路上获得更多的有利因素。

# 第五章
## 关于财商

### ◎财商是什么

除了智商和情商这两个大家都很熟悉的东西以外，财商现在也被越来越多的人所熟悉。罗伯特·清崎（Robert T. Kiyosaki）和莎伦·莱希特（Sharon L. Lechter）两人合著的《富爸爸穷爸爸》于1999年在美国出版，引起了很大的反响，也引起了人们对财商这个概念的重视。而这个在发达国家都很重视的教育，在我们国家还处于起步阶段。

财商并不仅仅是要大家喜欢金钱，财商也不仅仅是要大家学会理财，财商更多的是让大家如何面对金钱，如何获取金钱，如何利用获取的金钱获得自己的幸福生活。财商在现代社会，已经成为了生存的必备能力，包括两个重要的方面，其一是对金钱和财富的正确认识，其二是利用对金钱和财富的认识去创造财富，实现自我。根据社会统计学的“钟形曲线”理论在成功学上的应用，财富和人群的分布关系为：失败者占15%，成功者占3%~5%，剩下的80%的人不穷不富。产生区别的关键就在于财商，即上面提到的创富意识和创富能力。

### ◎高学历、金钱和幸福的关系

我们的孩子总是被告知，你要努力学习，然后找个好工作，然后赚钱买房买车。告诫总是到此为止，以至于我们总是迷茫，找个好工作那么难么？找个好工作之后就有了富足的生活么？这有点像我们常常听的童话故事，王子和公主历经曲折终于在一起了。让我们误以为他们从此过上了幸福的生活，直到发现真相的那一天，才知道开始不是结束，结束也不是开始。

往往生活中，有一些人学历很高，学富五车，才华横溢，可是他们过着清贫的生活，他们甚至会说自己是甘于过这样的生活，因为金钱会影响他们的思考和判断。可是有钱不代表一定要过奢华的生活，有钱才能更多地为这个社会作贡献。而相反的是，有一些人虽然没有高学历，没有高智商，却在社会中摸爬滚打，利用自己的高财商，收获了成功的事业。所以只有高学历，并不一定会给你带来财富，一夜暴富和长期地积累财富，都不是在现实中容易实现的。

金钱和幸福的关系是很微妙的。有钱的人不一定幸福，穷人的幸福也是不完美的，所以我们要正确地看待金钱这个东西，要学会如何让金钱为我们的幸福做出积极的贡献。如果能够找到自己的梦想，一直在通过努力去实现自己的梦想，并且在这个努力的过程中慢慢地获得金钱，这样收获的金钱，能够让自己更正确地去对待金钱。更重要的是，收获了金钱后，要利用更大的优势，去实现自己更大的梦想，而不是停止追求梦想的脚步，去享受金钱和物质的快感。

### ◎对财富的认识

成功的人，很少有只是为赚钱而努力的，当然赚钱保证生存和社会地位是每个人的初期必经阶段；大部分的成功者，或者说富人，很少是为钱而工作的。钱，不过是一种平常的物品，仅作为一种价值交换的衡量工具。我们要用平常心去看待“钱”这个东西，当你专注于你的梦想、你的目标或者你的事业，你会发现随着你的一步一步成功，钱也慢慢变多。

关于对财富的认识，非常建议大家去了解和学习《富爸爸穷爸爸》里面提到的资产和负债的概念，大多数人都是因为不清楚这两者之间的区别而陷入财务问题。资产就是“能把钱放进你口袋里的东西”，负债就是“把钱从你的口袋里取走的东西”，这两句简单经典的解释，给我留下了深刻的印象，让我每天在反思自己的财务状况时，对自己的资产和负债有一个很有效的判断标准。

### ◎理财和投资

有了对金钱和财富的基本认识，大家就需要开始系统地学习和实践理财和投资。有一句老话说得好，你不理财，财不理你。

理财的一个基本前提，就是学会计划消费，因为只有控制消费，才能让你有多余的资金可以去从事理财。更重要的是，控制消费，会让你的思想集中在如何创造财富上面，而不是如何消费你仅有的所得上面。很多孩子，尤其是刚踏入社会参加工作的孩子，会跟我说，我一个月没有赚多少钱，即使控制消费，也节省不了多少钱。这个观点是非常错误的，正是这种观点，让大家永远都在贫穷中循环。最极端的例子就是，很多人中了高额彩票，没过多久就挥霍一空，重新陷入贫穷。

我说的控制消费，也不是让大家不要花钱，因为正常的消费是保持大家生存的基础，也是保持大家生活的动力。我是希望大家能够做到量入为出，控制消费的比例，保持每个月有结余用于理财和投资。举例来说，每个月的基本消费有吃穿住行，每一项消费的浮动都比较大，要学会不断思考和比较，选择最适合当前阶段的消费比例。就拿吃来说，这个消费的浮动就会比较大，怎么安排好合理简单的健康饮食就是一个学问。很多孩子刚出国留学的时候，不会做饭，在学校食堂和餐馆吃饭，不但费用高，也摄入了过多高热量的东西。一旦学会做饭，就可以到超市去选择性购买合适的食品，并且能进行营养搭配。

当你每个月能够计划好消费，保证有结余的时候，你就可以利用这个结余来学习和练习理财和投资。需要给大家强调的是，此处用的是“学习”和“练习”，而不是盲目地去做。首先，理财和投资的知识是需要系统地学习的，大到房地产投资，小到存钱或者买理财产品，都是懂行的人才能有更好的收益。现在很多孩子们看到别人赚钱多就在不了解的情况下盲目地去实施，甚至借钱来投资，一旦失败，就陷入困境。要学会利用一切资源和机会去学习，比方说看书学习、学校的课程学习、金融机构的讲座、和有投资经验的人沟通交流等。在学习的基础上，慢慢尝试去做一些小额和简单的理财和投资，积累自己的经验，利用这些经验再继续深入学习。

有了一定的理财和投资经验后，就需要建立家庭理财计划（制定财富目标）。首先，你需要建立一个家庭资产档案，这样可以对当前阶段的资产有一个基本的评估和认识，并且需要定期更新家庭资产档案，可以每年年底盘点更新一次。其次，你需要建立一个家庭账簿，只有每天花一点时间记录好自己的收支情况，把自己的财务状况数字化和表格化，才能作好对未来的规划。最后，一定不要把鸡蛋放在一个篮子里面，要学会搭配组合的投资策略。

### ◎关于创业

创造财富的最高境界似乎是创业，而创业也成为 21 世纪最热门的职业。创业确实是一个很好的创造财富和实现自我的途径，尽管有比尔·盖茨和乔布斯这类没毕业就创业的经典案例，但我还是建议大家能够慎重地规划和选择自己的职业发展道路。

首先，在创业之前尽量能够有一些实习和工作的经历，因为这是观察和学习别人的很好的机会，同时这也是观察一个行业的发展和选择将来想要进入的行业的最好方式。很多人不能或不敢创业，最大的问题就是理念的问题。这些人每天都在想，如果我将来自己创业，我就会怎么样做，但是他们在每天的工作中敷衍了事，认为这是在打工，是在为老板创造财富，是一种磨难。只有改变观念，把自己的每一份工作，哪怕只是短期实习，都当成自己的事业来做，才有可能成功创业。这有两个好处，其一，只有通过这样的努力才能真正得到锻炼，其二，这样的努力会让自己得到很多的机会，一方面是更容易升职去体会不同岗位和更高的岗位并获得更多的经验，另一方面老板和同事都有可能是将来的合作伙伴，你需要通过自己的努力让他们认可你。

其次，创业要了解自我雇佣（个体户）和创设公司的区别。每个人要根据自己的能力来选择，因为自我雇佣，比方说开淘宝网店或者经营一个实体小店，和创设公司来说，对于能力的要求相差很大。当然自我雇佣也有不好的地方，这种方式会让你无法脱离，不能很好地实现财务自由，也不能最大限度地成就自我。所以希望大家在保持心态和不断提高能力的同时，也可以尝试让自己的创业进入公司化运作的阶段，让自己慢慢成为一个企业主，从而慢慢过渡到投资人的角色，最终实现财务自由，成就自我。

管理知识的学习和管理能力的提高，将会决定创业的成败。因为任何一次创业都是一个团队努力的结果，即使你是个体户，也还有你的家人的支持，他们也是你的团队。管理的至高境界就是把你的团队做一个系统化的建设和运营。所谓系统化，就是形成公司管理的规章制度，保障公司运作的完善性和公平性，而不是随意做出决定。这是一个值得学习的命题。

### ◎最好的投资是提升自我价值

最后要让大家记住一件事，最好的投资是对自己的投资。就业和创业之前要做好各种知识和能力的积累，打有准备之仗，而不是盲目地投入商业战场。教育是对自己最好的投资，所以我很鼓励大家在有资金和时间的条件下，出国留学，去接受不同的教育，去增长见识，去锻炼能力。

说到教育和出国留学，大家不要认为父母出钱是应该的，其实这对父母来说，也是一种投资，因为如果投资成功，你会为他们带来丰厚的回报，不仅仅是金钱，更是感情和人生的成就感。作为孩子的你来说，要把父母给你的成长和教育所投入的资金，做好投资回报的计划，而不仅仅是理所当然地“享用”这个资金。同时，将来在进入社会后，也要预留好资金为自己充电，不管是买书还是去参加一些学习课程，都是值得的。你需要记住一句话：毕业不等于教育成功，文凭不等于有知识和能力。

# 写在最后的话

## ◎关于信任感和执行力

想到和得到之间还有一座桥叫做“做到”！

不做的原因是什么？是你没有对你要去做的事情有信任感。比方说如果有人告诉你，前面有地雷，不要再往前面走了，你即使不信，但是也不会再往前面走。而现实生活中，往往我们所说的“地雷”大家都真的不信，所以还是继续往前走。

我发现，如何能够成功，早就不是秘密，市面上也有各种关于成功学的书籍，可是为什么成功的人还是很少呢？因为40%的人不知道有成功学可以学习；30%的人知道成功学，但是不相信成功是需要学习的，所以不学习；20%的人知道成功学，也相信成功学，但是没有实施的决心和毅力；10%的人学习成功学，并抱着信任的态度予以实施，所以成功了。曾经听过一句话，一下就让我记住了：困难，困难，困在家里万事难！所以 Just Do It 吧！

不成功的关键因素就是不听别人的意见！所以，从今天开始，把这本书放在你的床头，照以下方式去做吧。

### ◎养成好习惯的作用

还有一个问题，在执行的过程中，不要只是一味地强迫自己去做，要聪明地引导自己去做，其中有一个最重要的方法就是用好习惯代替坏习惯。比方说我们女孩子很喜欢吃冰淇淋，但是我们又很怕长胖，所以每天吃完就跟自己说，从明天开始我再也不吃冰淇淋了，今天是最后一次。大家可以想象得到，最后的结果是，要么每天还是继续吃，要么是克制了几天后，到了忍无可忍的时候一天吃几只，来缓解自己的压抑。

那么应该怎么做呢？用新的习惯去代替旧的习惯。比方说我喜欢吃冰淇淋，那么我并不压抑自己，而是制订一个运动计划，每天要运动一段时间，来消耗我因为吃冰淇淋而增加的卡路里。运动就是一个好的习惯，一旦被养成起来以后，不仅仅是对消耗吃冰淇淋的卡路里有帮助，更大的好处是，锻炼了身体，保持了积极的心态。

这样的方式，对你沉迷于电子游戏或者逛街购物同样有效。只要能够合理安排好时间，控制好自己的每个安排，你就能享受双赢带来的愉悦。

### ◎分享的作用

每次的课程，大家一起分享自己的梦想时，我都能感受到一种强烈的正能量气场萦绕在我们的周围。每个人眼里的热情和对梦想的期待，让我们每个孩子和老师都受到感染。

所以，把你的梦想和目标写下来，并公之于众。

每次在给大家做分享之前，我都会提前说的一句话是，请带好你的笔记本。每个人都需要有自己的一个笔记本，并且随身携带，写自己的梦想，写自己为之制定的目标，写自己在学习过程中的心得。

对于近期要去做的事情，不但要写在本子上，还要写在纸条上，贴在自己的电脑屏幕上，自己的镜子前，随时可以看到并提醒自己。

你可以选择人群，尤其是选择支持你的人，这样他们会鼓励你，提醒你。当然有时候选择反对你的人也是一个不错的选择，因为有时候反对会激起你更想采取行动的动力。

无数的研究结果表明，一旦你把自己的梦想和目标写下来，并告诉别人，这些梦想和目标被实现的几率将大大增加。那么从今天开始，Just Do It!

# 第二部分

# 给爸爸妈妈们

# 写在前面的话

这十多年以来，在孩子们和爸爸妈妈们之间，我懂得了很多东西。

平日里，我们更多的是帮助爸爸妈妈们教导孩子，传达爸爸妈妈们无法让孩子们接收到的信息。但在爸爸妈妈们的焦虑影响下，我们老师们也很难有表达的空间。有时候我们如果想劝慰爸爸妈妈们，反而会被认为是在开脱责任，甚至被警告，孩子们的前途只有一次，不允许有任何闪失。

其实从某种程度上来说，孩子们做得比爸爸妈妈们要好，至少他们会尝试去听老师的意见。而爸爸妈妈们，我们怎么样才能让你们明白，怎么做才是更合适的呢？

我和妈妈一起成长的过程，也是每天在互相的影响中纠缠。但是在写作的过程中，回顾这几十年来我们两个人的成长，我深深地感到了我们两个人的成熟，这种成长和成熟让我们的生活变得有越来越多的满足感。我们学会了彼此尊重对方的选择，学会了给予对方需要的爱，我们学会了体谅对方的艰难，有了最让我们欣慰的互相支持和互相鼓励。

其实我的妈妈，总的来说是很棒的，鼓励我自信和独立，告诉我生活的艰辛和幸福，不干涉我的梦想和自由。我们的矛盾只发生在很多琐碎的小事上面，以及我把孤独和痛苦发泄到妈妈的身上。

感谢妈妈，这么多年来对我的爱和付出！没有妈妈，就没有我的梦想和事业！

Lisa

# 第六章

## 爱是你们联系的纽带

### ◎你要学会爱孩子

也许你会觉得，我很爱我的孩子，怎么还要我学会爱孩子呢？

这里我想和爸爸妈妈们分享的是，爱也是需要学习的，讲究正确的方法，而不是盲目按自己的想法去爱孩子，就像呼吸也可以经过学习达到对身体健康最佳的状态一样。

我曾经不止一次在课堂上问孩子们，你们为什么要出国啊？经常有孩子说，逃避我妈妈。如果是你在现场，听到你的孩子这样说，你一定会伤心欲绝吧。因为即使作为老师的我，听了这个话，也觉得很残忍。你的妈妈为你付出了那么多，甚至连她的生命都可以给你，你却要逃离。可是站在孩子的立场想想看，他们也在爱的名义下，呼吸困难，压抑到已经没有时间和空间去寻找自己活着的意义和追求的梦想，唯一的想法当然就是要逃离。

可是为什么会出现这样的状况呢？因为我们没有合理地控制我们的爱和表达我们的爱。

中国是一个家长制的国家，中国的家庭大多以生育子女为中心而组合，在这样的背景下，我们的爸爸妈妈们就把子女当成了自己的一切。这一点在妈妈身上表现得更为明显，毕竟孩子是妈妈身上掉下来的肉。再加上现在的孩子大多数是独生子女，这样更会让爸爸妈妈们捧在掌心。

易中天教授在《闲话中国人》中提到，在中国很多的爸爸妈妈把孩子当成自己的私有财产，或者为“宠物”或者为“赌注”。把孩子当成“宠物”的，宠爱有加，但是不允许跟自己有不同意见；把孩子当成“赌注”的，就是恨铁不成钢。当然，还有一种是放任，完全对孩子不加管束。这些爱的方式，不管是哪种类型，都会让我们的孩子无所适从，压抑的学习和生活，也就让孩子出现了上面我们提到的要逃离的想法。

### ◎怎样的爱是合理的

孩子是我们爱情的结晶，但是不是我们的私有财产，我们首先应合理地控制我们的爱，不要打着爱的名义去肆意地占有我们的孩子，我们要有把孩子当成独立的个体的心态。孩子从在妈妈肚子里的时候，就开始有自己的思维和感受，从孩子出生开始，就是一个慢慢在成长的个体。我们要学会和这个孩子相处，学会尊重这个孩子，只有这样，我们为孩子所想和所做的，才有可能真的适合这个孩子。

对这样一个小生命，我们不应该为之设立我们早就想好的目标，而应观察孩子性格上面遗传我们的因素表现在哪些方面。因为性格一部分来自先天遗传，一部分来自后天培养。我们只有先观察好这个孩子的特点，然后后天培养的时候，引导其发展优势的部分，避免和改善弱点，这样才能有效地帮孩子找到适合的发展方向。我们一定要记住，孩子都是宇宙中独一无二的个体，我们永远不要看到别人家的孩子做了什么或者什么地方很优秀，就要我们的孩子也去做同样的事情。不管要设定怎样的目标，我们首先要判断是否适合孩子，然后要跟孩子平等对话，商量和讨论，并引导孩子往这个方向去尝试，去发展。

还有一个很重要的前提，就是以身作则。在提出要求之前，我们应该首先反问自己，自己是不是做到了，因为身教有时候比言传更重要。现在很多父母一边在玩电脑游戏或者打麻将，一边对孩子说，快去做作业。如果想要孩子能够在一个积极有爱的环境中成长成才，首先我们自己就要行动起来，为孩子营造一个健康的氛围。任何时候，自己做不到的事情不可以要求孩子去做。

除了控制我们的爱，我们还要学会表达我们的爱。中国人在表达方面总是含蓄的，一切尽在不言中。可是有的时候，爱是需要表达出来的，这样一方面会让我们互相感受到爱的温馨，另一方面也会减少因为互相太爱了而产生的误解。很多妈妈会对我说，我很难对孩子说，爸爸很爱你或者妈妈很爱你。我会鼓励爸爸妈妈们说，你最希望孩子有勇气，如果你自己连这一点勇气都没有，你怎么教会你的孩子有勇气呢？所以一切都不难，只要我们去尝试。

表达我们的爱，要学会给孩子全心全意的关注。有多久我们已经没有像孩子小时候那样，关掉手机关掉电脑，坐在床上给孩子讲故事了？尽管孩子在一天天长大，我们还是可以每天在孩子入睡前，安静地坐在孩子的床边，听听孩子讲的故事，尽管有时候孩子会让我们走开。

我们总是对孩子说，我们为你付出了很多，你怎么就不懂得回报呢？其实孩子来到这个世上，就是上天对我们最大的恩赐。孩子的笑和进步，会为我们带来欢乐；孩子的悲伤和无助，会让我们难过。正是有了孩子，我们才能体会到生活中更多的感受，每天对生活有了更多的期盼，所以孩子的到来，本身就是我们的幸福之源。我曾经听到一个爸爸跟我说过一句很有哲理的话，他说他发现孩子的妈妈把养孩子从一个事变成了一个事业。

正是因为爱，让任何事情都无法把你们分开，即使全世界抛弃你们的孩子，你们也不会放弃。这就是妈妈，这就是爱，这也是人生的本质。人生的梦想和目标可以有很多，但是希望只有一个，而希望是和人生相联系的，希望就是相信人生是有意义的，希望就是传递人生的大爱。

那么也正是因为爱，从今天开始，你们要学会做世界上最好的爸爸妈妈，要学会如何去爱孩子，要学会教给孩子除了学习以外学校老师和这个社会所没有给予或者不能给予孩子的东西，要学会告诉孩子你们是这个世界上最爱他的人！

## ◎孩子是孤独的

成长的过程中我们每个人都要面对孤独，即使我们的身边有爸爸妈妈，有伴侣，有子女。从我们十几岁即将进入成年的时候，我们对未来的迷茫，没有人给我们答案；到我们三四十岁即将进入成熟期的时候，工作的繁忙和家事的琐碎，没有人告诉我们应该怎么去平衡；甚至在我们即将进入老年期的时候，突然没有了工作和子女的牵绊，有一种失落，却没有人能帮到我们。

孤独是什么样的感觉？孤独就是我们每天都身处在人群里面，却感觉没有人能理解自己，自己也不知道该怎么诉说自己的感觉，或者不知道跟谁去诉说这种感觉。而一旦我们尝试跟身边的人说说我们的想法，马上会被他们反对和干涉，我们大多时候得不到认同和鼓励。这样的恶性循环，让我们慢慢知道了孤独的感觉。

所以爸爸妈妈们要学会理解，我们的孩子也是一样会经历和体会孤独，即使你在身边给予无私的关爱和照顾。我知道，有时候面对自己的孤独比面对孩子的孤独更难，有时候接受孩子是孤独的事实比面对孩子的孤独更让你心痛。可是，我们没有退路，只能认识到这个问题，并学会去理解和面对才是正途。

尤其是当我们的孩子处于青春期，这是一个敏感而又迷茫的时期，我们更应该理解孩子的孤独，我们应该在他们身边，教他们如何面对孤独，并且和孤独和谐相处，享受孤独。爸爸妈妈们尤其不要这样，一方面不断给孩子规定各种要求和设定各种机会，一方面又不断要求孩子跟自己交流。这样的话，只会让孩子被迫服从我们的安排，却不想跟我们交流，再加上孩子本身的青春敏感期，就更不愿意跟我们说话了。

所以要合理地爱孩子，不要让孩子在爱的名义下窒息，感觉到更孤独！被称为“法国的良心”的皮埃尔神父的一段话，特别让人感动：“不要试图给承受痛苦的人们提出忠告，不要对他们进行精彩的说教……我们需要做的是以充满柔情和关爱的姿态为他们祈祷，和他们共同面对痛苦，让他们感觉到我们就在身边。这种谨慎的态度是我们需要的慈悲和爱，而人类的所有体验中，这种感觉最美，最能让人体会到丰富的人生含义。”说得多么好啊，我们需要做的就是让他们感觉到我们就在身边，这种在身边的感觉已经足以能够让感到孤独的人欣慰和温暖了。

### ◎要教孩子爱你

我在课堂上给孩子们讲课的时候，总会提到的一句话是，我现在教你们的东西，也许你现在不能完全信任以至于不想实施，但我希望你们能够记录下来，将来在教育你们的孩子时作为参考。我之所以这么说，是因为我希望通过这种非强制性的语气，让孩子们更容易接受，此外，也是希望孩子们能够换位思考，站在大人的角度来看待自己的行为，有时候这种效果会更好。

换位思考这件事很重要。我听过一些家庭常做换位的事情并富有成效，爸爸妈妈和孩子做一天甚至几天的角色互换，爸爸妈妈当孩子，只学习然后等着吃饭，孩子当爸爸妈妈，负责照顾他们的学习和饮食起居，甚至还让孩子去公司上班。这是一个不错的尝试。因为我们双方都需要去了解对方的想法和难处，而不应该只是站在自己的立场去规定对方和批评对方。

对于爱这件事也是一样的道理，我们要教会孩子爱我们，这一点很重要，一定不要跟孩子说，我们不求回报地爱你，只是希望你一切都好。双方能够平静地诉说爱和付出，并且告诉对方自己想要的回报，这样的沟通方式既能够让双方更好地理解对方的立场和要求，也能够让这种爱和付出变成双向的。一旦你总是对着孩子说，我不求回报，孩子长期受这个影响，很容易让自己变得没有责任感；相反，你告诉孩子，你将来需要他回报你，这反而对孩子是一种约束力，可以促进孩子的成长和成熟，让孩子体会到更多人生深层次的东西。

所以，要求孩子也同样地爱你吧，不要把自己装扮成无私而无辜的妈妈，仿佛受尽委屈。告诉你的孩子，你需要他的爱！告诉你的孩子，你也有孤独的时候，也需要他的帮助和关心！

### ◎爱需要互相尊重

这句话我们每个人都听得很多，但是做到的很少。对爱的人，我们总是把自己认为对对方好的想法强加给对方。可是这样做的结果，就真的会让对方好么？

最近有很多调解类的电视节目，都是家庭里的矛盾双方对簿公堂，有父母和子女的矛盾，有夫妻的矛盾，有兄弟姐妹之间的矛盾。每次看到他们在电视里争得面红耳赤的时候，我就会反思一个问题，这些矛盾的本质是什么？这些人都是相爱的，如果不爱的话，就不会在电视里争得不可开交了。说来说去，很多时候，大家都是站在自己的立场，在爱的名义下用自己的想法去要求家人，去束缚家人。如果我们能够多给对方一些空间，尊重对方，是不是矛盾会少一点呢？很多时候，我们都不是在人生的奋斗中受到伤害，而是在爱情和亲情中受到伤害，而恰恰是这种伤害让我们更难以面对和接受。

所以相爱的人之间，最重要的一件事就是要互相尊重。这句话放在爱情里面说，虽然实施起来也很困难，但是至少已经被大家所理解；这句话放在亲情，尤其是爸爸妈妈对孩子的关系中，似乎还需要大家多一些的理解和接受。因为我们一直捧着孩子和抓着孩子，我们习惯了这种感觉，不知道什么时候该把孩子当成对等的成年人来看待。

那么，就尝试从现在开始吧！学会像尊重父母同事朋友一样，尊重孩子吧。孩子也是有思想有情感的，和大人一样，也许他们还不成熟，但是他们在成长，我们要学会尊重孩子的意愿和选择。

今天就尝试给孩子一个大大的拥抱吧！拥抱会让孩子感觉到爱的力量，有时候，言语是多余的，一个拥抱就代表了所有的一切！

# 第七章
# 告诉孩子生活的秘密

## ◎生活不就是为了幸福的感觉么?

从孩子出生的那一刻起，爸爸妈妈所有的期盼就是孩子能够学习好，找到好工作，遇到好伴侣，甚至是养一个好小孩，然后生活再循环一遍。

于是，孩子所有的生活被安排好了，从幼儿园开始的英语学习和钢琴学习到大学毕业时的找工作，再到谈恋爱时选择的对象……

试问一下，爸爸妈妈们有没有想过去问一下孩子：你们幸福么？如果生活被剥夺了幸福，所有的奋斗还有意义么？

在这种快节奏且竞争激烈的现代社会，我们都会担心孩子没有占据有利的位置，担心我们的孩子会落后于其他的孩子。爸爸妈妈会很委屈地说，有谁体谅过我们么？我们为了孩子的吃穿住行操心，为孩子的学习操心，为孩子的未来操心，我们容易么？现在的社会环境恶劣、竞争激烈，我们稍不上心，孩子就无法得到应有的保护，就会落后于其他的孩子，我们容易么？更何况，我们做的这一切都是为了孩子将来能够幸福！

矛盾出现了！爸爸妈妈们总是怕自己管孩子不够多，怕孩子不够努力；而孩子们总是被压力压得喘不过气来，没有了呼吸的空间。

我们可以重新来理一下这个思路。爸爸妈妈做出所有的努力，都是希望孩子将来能够过得好。我用“过得好”这个词，大家都不会反对我。那么我们是不是只能把“过得好”放在将来，现在我们的孩子就得忍受超过他们忍受能力的孤独和痛苦的折磨？

会有爸爸妈妈反对我，说吃得苦中苦，方为人上人。首先我们说吃得苦中苦，我希望孩子们是在找到梦想和目标的前提下，自愿去吃这个苦。而且吃这个苦是一个必需的过程，没有人能够不经历风雨就轻易成功。而一旦有梦想的人，这种苦，他们并不认为是苦，反而是在努力奋斗过程中的一种乐趣。更重要的是，这个苦还应该是有价值并且在合理范围内的苦，不然孩子这颗小树苗在成长过程中就不能长大长直，成为将来的参天大树。

再来说一下人上人。其实这个世界没有人上和人下的区别，有区别的是有梦想并走在追求梦想路上的人和没有梦想浑浑噩噩度过一生的人。或许金钱和地位会成为爸爸妈妈判断人上或者人下的一个标准，可是金钱和地位能不能一定买来幸福，我想爸爸妈妈们都很清楚吧。但不得不说的是，真正实现了自己梦想的孩子，一定会在事业和家庭上成功，并且得到自己的幸福。

那么“过得好”意味着什么？可不可以说意味着孩子从小到大一直在得到自信和幸福，体验成长的收获和活着的乐趣？只有平衡好学习、工作和生活的关系，既有实现梦想的动力，又能在达成目标的过程中找到乐趣，这才是幸福的感觉。

曾经有个妈妈，在跟我聊天的过程中，儿子从美国打电话回来，她微笑着接听完电话，只说了几句“好的”。这个孩子在申请美国大学的时候，我帮助了他。这次是已经通过美国的法学院入学考试后，正在法学院读书时打来的电话。美国的大学本科没有设置法学专业，学生们在本科毕业的时候考 LSAT，即法学院的入学考试，考中后进入法学院就读三年获得文凭（JD）。从名字上面看，JD是法学博士，但是从学制上看其实是硕士的程度。

妈妈接电话的时候，我以为是儿子跟她说了一些生活小事，因为只听到她说了几个“好的”。可是挂了电话以后，她告诉我说，刚刚儿子打电话来是说，最近通过实习和其他方面的了解，发现在美国从事法律职业的人并不幸福，所以他在考虑将来的工作方向问题，先跟妈妈说一下。我完全没想到几个“好的”是回答儿子这样的问题。我当时被感动到了。

后来妈妈告诉我，她当时也是很震动的，因为儿子说到了“幸福”两个字。儿子从小学习就很努力，一直都是品学兼优的孩子，到了美国不管是在学业上，还是在生活上，都是积极向上的。这种从内心散发出来的学习动力，其实和妈妈的教育方式很有关系。这个妈妈总是给孩子很大的空间，去和孩子讨论他的未来和各种选择，然后让孩子自己决定。这次孩子谈到了“幸福”，我们真的觉得他长大了，开始思考生活的本质了。我相信，经过他的努力和思考，他将来一定会幸福。

**◎接纳自己**

有一些爸爸妈妈在和我聊天的过程中谈到，之所以对孩子有这么热切的期待和苛刻的要求，是因为自己当年的梦想没有实现，或者自己当年没有努力所以荒废了时间，甚至还有的爸爸妈妈跟我说，自己的婚姻也是失败的，家庭生活也不尽如人意。

这样的爸爸妈妈最大的一个问题是，不能很好地接纳自己和自己的生活，然后又把这个感觉转移到孩子的身上。不能接纳自己的最关键的问题是，觉得自己活了大半辈子了，一切已经定型了，没有时间和机会去努力，干脆就这么混吧。

中国的古话说，三十而立，四十不惑，五十知天命。到了 50 岁，才开始知天命，才开始有内心平和的生活。我觉得 50 岁才是人生开始渐入佳境的年龄。有一个比喻说，如果用一辈子平均年龄 80 岁的时间来算作一天 24 小时的时间，那么 40 岁是中午 12 点，一天才刚刚过一半的时间。如果这个时候就把全部的希望寄托在孩子的身上，对自己却抱以放弃的态度或者享受的态度，是不是有点为时过早。

要做到不放弃自己的第一步，就是要接纳自己的生活。也许你的工作不是那么如意，那么就思考一下，你需不需要换一份工作，如果权衡利弊，觉得还是不需要的话，那就请热情地投入工作中，去享受工作带来的乐趣。也许你的生活不那么如意，那么也请反思一下，不如意在哪里，是不是自己的要求过高，还是自己就没有做好，多看生活里美好的一面，而不要每天纠结在自己不满意的地方。

接纳自己的生活，要做到对别人宽容和感恩，尤其是对孩子，这也是教会孩子以身作则的最重要的一件事。我们每个人的生活都不是我们一个人组成的，小到一个家庭，大到一个团队，再到社会，我们都是一分子。我们的生活很多时候都依赖周围人的配合和帮助，所以我们要对别人宽容和感恩，这样才能让别人对我们也宽容和感恩，形成和谐的生存环境。

只有接纳自己，才能有勇气尝试去改变自己，才能慢慢体会到幸福的感觉；只有接纳自己，才能站在孩子的角度去想问题，才能让孩子和你一起体会到幸福的感觉。永远不要对孩子说，妈妈这辈子不行了，就靠你了，你是妈妈的全部希望。

### ◎接纳孩子

欧美有句谚语来描述每个人与生俱来的差异性：“上帝在你出生的时候，随便从口袋里面抓了一种个性，抹在了你的脸上。”我们每个人都是独特的，作为爸爸妈妈，第一件事就是要学会观察我们的孩子，他们的性格是什么样的？他们与众不同的地方在哪里？他们的兴趣爱好有哪些？

20世纪50年代，美国纽约大学的儿童心理学家亚历山大·托马斯（Alexander Thomas）和斯特拉·切斯（Stella Chess）对一百多名来自美国中上阶层家庭的爸爸妈妈的教养行为和孩子的性格气质之间的关系做了一个长达六年的研究。根据研究观察到的情况，他们把孩子分为三种类型："安乐型"，指孩子进食和睡眠有规律，对环境能很快适应，并且经常表现出愉悦的情绪；"慢热型"，指孩子不太爱活动，对环境的变化表现敏感；"难养型"，指孩子比较情绪化，并且在进食和睡眠时不太有规律，给爸爸妈妈带来了一定程度的困扰。

经过更长时间的观察后，他们又发现，如果爸爸妈妈给予了适合孩子的教育方式，反而是"难养型"的孩子从小学后期阶段开始，有更好的表现和更大的潜力。因为这些孩子通过和爸爸妈妈的反复"斗争"，大脑在发育阶段得到了更多的刺激，此外，这些孩子更容易接受爸爸妈妈的爱和关注，所以这些"难养型"的孩子在成长的过程中，会发展得更好。

每个孩子都有自己的特点和优点，都是很棒的，我们不要老用眼睛看着别人家的孩子，也不要老拿别人的孩子来作比较，永远要告诉我们的孩子，你是最棒的！你是我们的骄傲！同时，我们要享受和孩子相处的过程，在这个过程中找到对孩子最好的引导方式，从而激发孩子的潜力。

### ◎改善自己

每个人的人生都需要找到自己的存在感和幸福感，这种感觉一定不能仅仅建立在养育孩子这件事情上面，而是要找到自己的梦想和目标，任何时候去努力实现都不晚。所以一定不要找借口说，我现在的目标是养孩子，然后放弃自己的生活。我们只有让自己变得更好，才能让我们的生活更幸福，而不要把希望放在孩子身上，否则我们和孩子都会痛苦。

在给孩子提要求之前，心里一定要默默地问自己，如果是我，我能不能做到？我过去做到了么？如果过去没有，我现在正在做么？一定要记住，自己做不到的事情不能要求别人！这是个很简单的道理，中国古代早就说了，己所不欲，勿施于人。

改善自己，让自己有更多的正能量体现出来，让我们的家庭充满正能量，互相影响，一起努力，这样我们才能一起生活在幸福中。有时候，这种改善，不在于结果，而是一种过程，我们要通过这种努力的过程，让孩子看到，瞧，爸爸妈妈跟你一起在努力，而不是在旁边指手画脚。

### ◎带着孩子一起找梦想和制定目标

幸福是什么？幸福是一种心态，是一种每天都用心生活并尝试去体验生活的酸甜苦辣的感觉。幸福在于过程，同时也希望有好的结果，但是幸福一定不是只追求结果。所以，幸福就是在追求梦想和达成目标的过程中，享受这个过程，并且在有了积极的结果时周围有人和你一起分享，然后继续努力，攀登更高峰。

我们一定不能剥夺孩子在成长的过程中寻找自己的梦想和目标的机会和乐趣，不能用我们预先规划好的生活轨迹去束缚孩子。这种感觉有点像被蒙住眼睛，一直被别人牵着往前走，然后被告知，只要跟着走就好了，前面就是幸福的生活。如果一直这样往前走，并不知道下一步是会撞墙还是会跌倒，持续的时间越长，心里会越没底，一直看不到希望。

我们要尝试带着孩子一起去挖掘内心真实的想法，挖掘性格和能力中最擅长的部分。帮助孩子聆听自己的内心，帮助孩子观察自己的优势所在。这样的帮助比我们直接给他们设定一个目标更难，但是谁让我们是做父母的呢？再难也要迎难而上！这就是为人父母的挑战，当然也是乐趣。

### ◎无论你选择怎样的人生，我都在身边支持你

梦想有千万种，实现梦想的道路更是有千万条，条条大路通罗马。有人说过，不要试图让别人更幸福，因为这只会让他更痛苦。所以我们不能因为自己的梦想而去约束孩子，不能打着让孩子幸福的名义去说教孩子。我们需要做的就是守候在孩子的身边，告诉孩子，无论如何，我就是那个站在你身边支持你并给你加油助威的人。

就像孩子小时候在运动场上比赛跑步，你一定是那个喊得最大声的人，想让孩子听到你看到你。可是孩子参加什么项目，并不是我们能说了算的，是孩子的意愿加上老师观察的结果。在赛场上，即使孩子摔倒了，你也不会冲上跑道，反而是大声喊“站起来，继续向前冲”。你能做的就是，孩子跑完下场后，帮孩子包扎伤口，并安慰孩子说，你是最棒的，我为你骄傲。而当你牵着孩子的手，走在夕阳西下的回家路上时，那种感觉就是幸福！

人生也是一场赛跑，孩子有自己的梦想和目标，我们能做

的和必须做的就是，站在孩子的身边，大声为他呐喊助威；在孩子受伤的时候，告诉孩子我们一直都在这儿，告诉孩子他永远是我们心目中最棒的那一个！

# 第八章

# 家庭教育的另一种方式

## ◎用管理的方式来进行家庭教育

每个家庭，也是一个小的团队或者小的公司，所以我们是不是可以尝试参考管理的方式和原则来进行家庭的管理呢？

马克·弥勒（Mark Miller）在《团队的秘密》这本书里把团队管理的要素作了一个简化而清晰的描述。培养一个优秀的团队，需要三个核心要素：人才、训练和社区。对于第一个要素“人才”，爸爸妈妈没有挑选的余地，要相信我们的孩子就是世界上最优秀最独特的人才。下面我重点谈谈“训练”和“社区”两个问题。

## ◎让孩子得到科学的学习引导

教育，从某种程度来说，就是训练。

首先推荐爸爸妈妈们要学习的就是教育心理学！这是关于孩子在受教育过程中会出现的心理现象和心理发展规律的一门学科，把心理学的理论运用在教育学的交叉学科。教育心理学关注的是学生在学习过程中如何习得知识和掌握技能。我们的爸爸妈妈们如果能够学习一点教育心理学，从科学的角度来看待孩子的学习过程，并且找到针对孩子的合适的学习方法，那么孩子会更科学地受到引导，更容易产生学习的热情和动力。

在教育的内容上，要提醒各位爸爸妈妈的是，不要过于功利化。现在很多的爸爸妈妈都是看到社会上大家都在学什么，就让自己的孩子学什么。这种盲从忽略了孩子的内心，这种盲从让我们经常把孩子的不足和别人的孩子的优点相比较。这种忽略和比较，让孩子们更排斥我们的安排和选择。在此建议爸爸妈妈尝试从两个方面去教育和训练孩子：

一方面是看孩子的兴趣，因为兴趣是最好的老师。在美国一些学校有一种兴趣观察室，孩子从里面看不到外面，而爸爸妈妈可以从外面看到里面，这样爸爸妈妈可以在孩子没有意识到的情况下观察孩子的真实反应。当然这种兴趣观察室只是一个形式，目的是提醒爸爸妈妈，需要去注意孩子的兴趣，而不是局限在我们自己的思维方式里面，按我们的兴趣和想法去塑造孩子。

另一方面是尽量让孩子多接触不同的知识，但是不要逼他们去做专家。就拿看书来说，不要每天只是做作业，要多引导孩子每天留固定时间看“闲书”，看各种杂志和书籍，这样才能让孩子去接触更广阔的世界，从而确定自己真正的兴趣。孩子接触的东西越少，找到真正的兴趣的可能性就越小，这也是为什么我会从小多带孩子去旅游、多给孩子买书的原因。

### ◎要让孩子参与家庭的重大决定

很多爸爸妈妈都把孩子排除在家庭的重大决定之外，比方说我见到很多的妈妈都是单独来找我咨询关于留学的流程和步骤，自己做出选择后，然后告诉孩子说，我要送你去美国留学了，我要带你去见留学顾问老师了。如果把家庭作为一个团队，孩子就是这个团队中最基层的成员。从管理的原则来看，一个成功的团队管理，需要让团队成员对团队的目标有主人翁意识和参与感，这样才能激发团队成员的积极性和潜力。同样的道理，对于孩子，我们也应该让孩子参与进来，创建一个和谐的家庭社区。

首先，要学会让这个社区更加自然地发展，既不把我们的个人意志强加给这个社区，也不对这个社区的发展拔苗助长。家庭成员一起为这个家庭社区制定目标和实施计划，并且保持一个平和的心态，互相鼓励，一起去完成。

其次，家庭社区要尊重每个家庭成员的个人需要。我们每个人都有自己的性格特点和想法，我们要多多沟通，求同存异。

再次，如果家庭社区的发展有了进步，哪怕只是很小的一个进步，大家也应该予以庆祝，互相给予表扬和鼓励。在这个过程中，大家要经常表达对对方的感谢和欣赏。这是中国家庭很容易忽视的问题，大家都觉得难以启齿，可是任何事情只要勇敢地迈出第一步，就会慢慢习惯成自然。

最后，还有一件非常重要的事情，应永不停止地去寻求大家共同的兴趣和爱好，并且定期去一起体验。家庭成员之间一定要至少找到一件事情，是大家都喜欢一起去做的，在这个过程中，每个人都会积极地参与其中，体会到这种共同的成就感，并且能够互相配合和互相欣赏。

要让孩子有参与感，也许家庭的一些事情确实不适合孩子参与，但是不代表每件事都不适合，而且我会认为，80%以上的事情还是适合告知孩子的。很多爸爸妈妈从不告诉孩子任何事情，并养成了习惯，觉得孩子还是孩子，家里的事情告诉孩子无用。

我也看到很多的家庭，爸爸妈妈从小就把孩子当成家庭的成员，大部分事情都告诉孩子，孩子反而更成熟更理性，有时候甚至比爸爸妈妈还更能做出适合的决定，而且这些孩子在成长的过程中，更有主见，更有适应能力。另外，告诉孩子是第一步，告诉孩子以后还要学会倾听，一定要认真地倾听孩子的内心。有时候孩子嘴巴说的并不是心里想的，所以应用心去倾听孩子，这样才能倾听到孩子在各种问题上的观点和意见，也才能真正地满足孩子的需求。

### ◎管理有个很重要的问题就是授权

要学会适当地给孩子授权，让孩子能够自主决定一些自己的事情，这样才能培养孩子的判断力和独立性。如果爸爸妈妈事必躬亲，心理上面，孩子会产生逆反心理和依赖心理的双重心理；而行为上面，孩子遇到事情就不能独自判断和处理，因为孩子没有得到过锻炼。

授权，需要爸爸妈妈提前划定一个范围，比方说多少钱以内的采购，孩子可以自己决定，而超过这个标准的采购则需要孩子和父母商量。

爸爸妈妈要在每天晚上和孩子有一个正式的沟通时间。很多时候，我们的家庭讨论都是在餐桌上进行，这样做有助于大家保持一个轻松的氛围，但是不利的影响是，会过于随意，不能全面地反映问题和分析问题，有时候如果出现矛盾，还会影响吃饭。所以我建议，可以利用餐后休息的时间，大家一起吃吃点心或者水果，稍微正式一点地总结一下孩子的学习，一起就遇到的问题探讨一下解决的方式。我也会建议爸爸妈妈说说自己的问题，让孩子觉得自己也是家庭的一份子，大家是平等的，而不是爸爸妈妈总是针对自己。

对于孩子遇到的问题，多用探讨型的语气和思考性的表情去面对，让孩子感觉到大家是在一起讨论，而不是以大人的身份教导和命令孩子。爸爸妈妈在给出意见之前，多忍一分钟，给孩子一点引导性的提问，先听孩子的解决办法。有时候，如果给孩子多一点时间，孩子真的可以提出一些建设性意见，所以爸爸妈妈一定要保持开放和接纳的心态，去倾听孩子的意见，而不是一味地否定。

### ◎为孩子培养亲密的家庭关系

爸爸妈妈要努力维系婚姻关系的幸福感，孩子是很敏感的动物，这种幸福感如果是爸爸妈妈装出来的，孩子是一定能感觉到的。在我接触的家庭中，很多爸爸妈妈的婚姻状态有些问题，但是他们当着孩子的面，一定会尽力扮演合格甚至完美的父母。事实上，这种做法是掩耳盗铃，无法长久地欺骗孩子。

所以，为孩子，更是为自己，应培养亲密的家庭关系。这种亲密的家庭关系，将会让每个人都充满信心地去面对困难，也充满幸福地去享受生活。如果家庭关系有一些问题，建议尝试寻求第三方的帮助，尤其是专业的心理咨询师或者家庭婚姻治疗师的帮助。第三方更容易站在局外人的角度看清楚家庭的问题，从而提出一些适合的建议。

吵架，可以是生活的一部分。吵架，无法完全避免，但是一定要把程度降低，不能过于频繁和过于激烈。有时候遇到矛盾的时候，家庭成员可以一起坐下来讨论，让矛盾之外的一方，如孩子来做仲裁和提意见。孩子有时候会提出很切中要害的观点，并且孩子的意见会让爸爸妈妈反思和深思。

# 第九章
# 有自信的孩子才能成功

## ◎要想到山顶，必须选择上山路

老话说得好：人往高处走，水往低处流。就像去爬山，每个人都希望尽力到达山顶，去看日出或者日落的美景，去看山下的村庄和河流，没有人会说我就不上去了，我就在山脚下等你们。要想到达山顶，只有选择向上的路，才有可能到达山顶，下山路和平路是永远不可能到达山顶的，而上山的路永远是艰难的。

既然我们都会选择通往山顶的上山路，那么一路的困难和挫折必然是相伴而来。我们不仅要接受困难和挫折，我们更应该要感谢困难和挫折，享受因此而带来的孤独和痛苦，因为正是有了这些磨难，才让我们的旅途变得有意义，才让我们到达山顶后有喜悦的感觉，才让我们更加珍惜在山顶看到的风景。

我想这是爸爸妈妈首先应该教会孩子的一件事，也是最重要的一件事。因为只有认可这个前提，孩子才不会在困难面前低头，在挫折面前说放弃。我们要教会孩子，不管遇到什么磨难，都要抬头挺胸告诉自己，我是最棒的，我一定会想办法克服并坚持下去，只要努力去做，我就会到达目的地。这就是自信！

### ◎每个人都有值得骄傲的天赋

理查德·莱德（Richard J. Leider）说："我们生活在一个世界里，其中的每一个人都是按照上帝的形象创造出来的，都具有独一无二的才能，都具备一个目的，那就是运用才能去增加世界的价值。"

美国哈佛大学教育研究院的心理学家霍华德·加德纳（Howard Gardner）在20世纪80年代提出的多元智能理论，可以说是教育的一个革命性理论。传统上我们的老师和父母都在培养孩子的语数外等各种科目的学习能力，要求各科目一起发展，如果有哪一项学习不好孩子就被认为是笨或者不努力。但是加德纳从研究脑部受创伤的病人那里发觉到他们在学习能力上的差异，从而提出多元智能理论，包括语言智能、逻辑智能、空间智能、运动智能、音乐智能、人际智能、内省智能和自然智能八个方面。

每个孩子都有自己的智能优势，这是由先天遗传加上后天培养而形成的。我们的大脑由 1000 亿个神经元组成，神经元相互连接，形成一个神经回路，而众多的神经回路就形成一块功能区域，负责人的不同的感官和能力。只有连接且形成回路的神经元才能存活，而没有被连接的神经元就会萎缩死去。只有经常被使用被刺激的神经元，才能更好地连接和存活，这样形成的神经回路就会让这部分的智能更加强大。

认识到这个问题后，我们应帮助孩子寻找其身上的优势和特长，我们要告诉孩子，这个世界没有完美的人，没有各个能力都很强的人，而你是这个世界上独一无二的人，你一定可以找到自己与众不同的能力，在这个世界找到自己的生存之道，并为这个世界作贡献。这是培养孩子自信的一个理论基础。

### ◎鼓励是孩子自信的源泉

美国有一个很著名的关于天才的心理学实验，心理学家通过一系列的测试，从 10000 个孩子里面挑出 20 个孩子，告诉这 20 个孩子他们的智力超常，是所谓的天才。20 年后，跟踪观察这 20 个孩子的表现，他们确实成为了各种专家、科学家、企业家，他们所得到的成就和做出的贡献比其他的孩子都大。这是什么原因呢？就是因为这些孩子从小就觉得自己是被专业测试后得出结论的天才，所以他们做任何事情都会记得自己是天才，他们觉得自己很聪明，能够完成超越常人的任务，能够克服超越常人的困难，能够面对超越常人的挑战。

这就是心理暗示的作用。爸爸妈妈应该好好利用这一点，它会对树立孩子的自信心有很大的帮助。有的孩子先天就有一定的自信，有的孩子则没有那么自信，不管有没有，我们都应该帮助孩子树立自信心。

现在的幼儿教育理论里有一个方法被广泛推广，就是要孩子每天早上起床对着镜子笑着大声说三遍，我是最棒的！这个方法很有效，可是到了十岁以后，随着孩子的年龄增加和学业负担加重，爸爸妈妈和孩子都慢慢忘掉这件事了。当大家看到这里，就应捡起这个方法了。

不仅是对孩子，爸爸妈妈也可以对自己说，我是最棒的，我可以做得更好。随着年龄的增加，可能大声说出来变得很困难，那么写小纸条贴在自己的书桌上，也是一个很好的方式。在小纸条上面写着，我是最棒的，我一定可以做得到！然后画一个大大的笑脸。笑这个动作真的很神奇，你对生活笑，生活就会对你笑，你从相互的笑中得到难以言喻的正能量。这也是我常常使用的方法，非常有效。

我经常听到孩子的爸爸妈妈说，我好像很难做到平心静气地鼓励他哦，都是批评比较多，看到他做不到我就着急，我都是为他好啊。我们来分析一下，首先我们要深刻地认识到这点，孩子做不到是一件很正常的事情，如果孩子什么都能做到最好，那还需要爸爸妈妈和老师干什么？所以当孩子没有达到要求的时候，一方面要分析目标是否定得合理，另一方面要帮助孩子找原因，从内在的原因到外在的原因。

设定目标一定不能过于超越孩子的能力，孩子一直达不到要求完不成目标，就不想继续了。我们设置目标的初衷是希望孩子追着目标跑，越跑越快，但是如果因为孩子每次都因为达不到目标，最后导致没自信或者没兴趣了，这就得不偿失。设定目标一定要难易结合，并且孩子经过努力后，一般都应完成目标。

### ◎如何批评才有效

在教育孩子的过程中，尤其忌讳的是不断地批评孩子，这样只会招致孩子的反感和对立，最后对批评无所谓了。我们一定要慎用批评。

批评是一个需要相当高技巧的行为。就像上面提到的，现在很多的爸爸妈妈都以自己的标准来看待孩子和要求孩子，他们总是会不自觉地去批评孩子，不分场合和时机。在不合适的场合下，比方说当着很多人的面，会让孩子觉得没有面子，逐渐丧失自信和自尊；而在不对的时机下，比方说孩子刚刚犯了错误，自己也知道错了而懊恼自责的时候，爸爸妈妈立即严厉批评还喋喋不休，有时候孩子反而觉得无所谓了，索性破罐子破摔。

慎用批评，首先要选对场合，一定不能在众人面前批评孩子，让孩子感觉到你对他的尊重，这样孩子才会重视你提出的意见。这种谈话要用对朋友一样的语气，多用提问的方式，去引导孩子思考，让孩子自己能够从提问和引导中得出结论，认识到自己的不足。

其次要选对时机。就像上面提到的，如果孩子刚刚犯了错误而懊恼的时候，你一定不能去批评孩子，反而应安慰和鼓励孩子，告诉孩子，下次可以做得更好。这样孩子会觉得有安全感，同时会暗下决心下次不能辜负爸爸妈妈的信任。如果孩子是无意间犯了错误并没有意识到，爸爸妈妈最好是当时就提醒孩子，进行现场教育。

最后还有一件非常重要的事情，对孩子的批评永远不要由点及面，不要说孩子这也不行那也不行，让孩子觉得自己一无是处。爸爸妈妈要学会克制自己，批评的时候永远都只就事论事，评论事情本身的正确或者错误，正确在哪里，错误在哪里。如果不能做到这一点，孩子就不会信服你的批评。

爸爸妈妈也许会提出，我的孩子明知故犯，一犯再犯，怎么办？耐心和包容，这就是答案。孩子毕竟是孩子，连我们自己都在不断犯错误，更何况是一个孩子。这个孩子即使到了30 岁甚至 40 岁，也还是我们的孩子，就像我们也是我们的爸爸妈妈的孩子一样。所以对孩子少一点苛求，多一点耐心，多一点包容，去沟通，去引导，每次有一点改变就给予表扬和鼓励。

表扬也要注意方法，一定要有针对性，让孩子知道自己为什么受到表扬。比方说：“你好棒哦!”比起“你今天比闹钟时间早起了十分钟，做早起的鸟儿，你好棒哦!”，后者更有针对性，这样孩子会慢慢形成对正确行为和错误行为的一个潜意识认知。

## ◎奖励带来的负面作用

爸爸妈妈们会发现奖励是激励孩子达成目标的一个很好用的方式，但是，大家有没有想过，这种方式会是一个长期使用的好方式吗？

斯坦福大学的心理学家马克·莱伯（Mark Leber）做过一个实验，在孩子们画画之前，他告诉一组孩子们，如果他们画画的话，就会得到一枚“好孩子”的奖章；而另一组孩子们则没有得到任何许诺。几周后，他再分发颜料给相同的两组孩子，发现曾经得到奖章的孩子画画时间没有那些没有得到奖励的孩子长。他发现，得到奖励的孩子们会下意识地认为：“只有当大人们想让我做我不喜欢的事情时，他们才会给我奖励。”

后来同样的实验用在成人身上，得到了同样的结果。心理学家在街上找志愿者，让他们每个人在一个实验室玩拼图游戏，告诉一部分人之后会给他们奖励，而另一部分人则没有许诺。十分钟后，当研究人员告诉受测试的人游戏结束，让他们继续在实验室里等待几分钟。而在这几分钟之内，有奖励的人基本都停下来休息，而没有奖励的人则更有兴趣继续玩拼图游戏。

从这些心理学实验中，我们可以得出的结论是，奖励，未必是最好的激励方式。有时候，甚至会带来负面的效应，抑制了孩子们对于事情本身的兴趣和参与感。

很多爸爸妈妈为了激励孩子保持好的成绩或者让孩子去做不想做的事情，往往都会许诺给孩子一个很期待的礼物。在这种情况下，一方面，这会抑制孩子内心的动力，另一方面，孩子也会形成比较大的压力。

所以在奖励的时候，一定要注意，不能用物质上的奖励去刺激孩子做不想做的事情或者难度过大的事情。应该和孩子多沟通，多给予孩子精神层面的奖励。

### ◎龟兔赛跑给我们的启示

龟兔赛跑的故事我们都耳熟能详，今天我们换个角度来看这个故事，即使兔子没有睡觉，就是一直跑到了山顶，得了第一名，那么作为乌龟来说就真的输了么？其实没有！

生活是没有输赢的，兔子也好，乌龟也好，一方面要享受登山跑步过程中沿途的风景，呼吸新鲜的空气，一方面要有达到山顶明确的目标。那么兔子先到了山顶，开始喝茶看山下的风景，乌龟后到山顶，一样和兔子一起喝茶看风景。作为乌龟来说，缺少的只是少看了一会风景，对人生完全没有影响。反而是兔子跑得快，太容易到山顶了，得来全不费工夫的风景不一定会好好珍惜；而乌龟费尽九牛二虎之力才到了山顶，一定会更加珍惜眼前的一切，从内心深处觉得这里的风光无限好。

我们的孩子，如果是“兔子”，我们就要防止因为聪明而跑得太快，在半路上不尽全力而错过了很多东西；而如果是“乌龟”，这是爸爸妈妈总是害怕担心的问题，但是有什么关系呢，我们需要做的就是鼓励孩子坚持下去，只要坚定地往目的地前进，最后我们一样能够享受风景看日出日落。

所以，不管是兔子还是乌龟，都需要有自信心，只不过对待兔子和乌龟的教育方式不同而已。最不能采取的方式就是一直对着乌龟说，你看兔子跑得多快，为什么你就跑不动呢？殊不知乌龟已经竭尽全力了，听了这样的话只有委屈、难过和孤独充盈在心间。其实有时候做乌龟也是一件幸福的事情，可以慢慢享受沿途的风景，到达目的地后也能满心欢喜。

◎形体和形象的影响

爱美之心，人皆有之。

然而对于孩子认识美、追求美这件事，爸爸妈妈们仿佛如临大敌。

爸爸妈妈们要帮助孩子学习美的概念，了解怎么变美，而不是压抑孩子们对美的追求。因为，美会对孩子的自信带来正面的影响。尤其是女孩子，对于穿衣打扮、美容化妆和身材保持都有着无尽的追求。当然，现在很多男孩子也受到电视和网络的影响，对于时尚的追求也很用心。与其让孩子偷偷摸摸地去尝试，倒不如带着孩子一起去学习符合孩子年龄阶段的美化教育。因为事实上，即使你不去做这件事，孩子也会去做。

给孩子报一些形体训练方面的课程或者经常和孩子一起去健身房，这会大大提高他们的自信。有了好的形体，穿衣服会更有气质；发型是每个人的标志，我们应该和孩子一起去找适合孩子的发型，而不是图方便的发型。如果是女孩子，妈妈更应该多多带她一起学习美容化妆的知识，有时候出席正式场合也可以尝试让孩子化一些淡妆。

# 第十章

## 如何提高孩子的学习能力

### ◎学习动力是孩子主动学习的原因

人为什么要学习？这是很多孩子一直心存疑惑的问题。即使有非常完美的学习方法，如果孩子不知道为什么要学习，也不会从内心深处认同学习这件事情。

现在中国的教育有一个明显的问题，很多孩子从小学一年级开始，就需要做作业到十一二点。确实存在有的孩子做作业效率比较低，但是更多的时候，是老师布置的作业过多，让孩子无法承受。现在的老师们也值得同情，尤其是中小学老师，他们的绩效往往和学生的考试分数相挂钩，再加上爸爸妈妈们也对老师施加压力，生怕自己的孩子落后于别的孩子，老师们受这样的“内外夹击”，没有办法去按照教育的本质来实施教育，只能通过布置过多的作业让孩子们死记知识。这种教育制度是剥夺中国孩子的学习兴趣和学习动力的罪魁祸首。

每个人都应该有梦想，有梦想的人才能更好地确立每个阶段的目标，在实现每一小步目标的同时，一步一步接近梦想。而梦想和目标才是孩子学习的最大动力！所以爸爸妈妈应该从小就引导孩子多接触不同的梦想，梦想不是职业，不是赚钱，而是一种对人生美好的期盼。比方说，我想做宇航员，飞到月球上面看地球；比方说，我想当医生，治病救人，减少人们的痛苦。

### ◎自控能力决定未来成就的高度

心理学上一个很著名的实验就是来验证这件事的，是关于棉花糖的实验，由斯坦福大学的教授组织实施。他们把一群孩子放在一个房间里面，发给每个人一个棉花糖，然后告诉孩子们，可以选择马上吃掉，或者选择先放在手上不吃，等工作人员回来以后，没有吃糖的孩子会再得到一个糖。参加这个实验的孩子们，只有很小一部分没有吃手上的糖。根据持续的追踪观察，这些没有马上吃掉糖的孩子们不管是在工作上还是在生活中，不管是在人际关系处理还是时间管理上面，都有更优秀的表现。

这里说的就是自控能力。自控能力高的孩子，将来成功的可能性更大。自控能力是可以锻炼提高的，我们可以通过引导孩子进行目标分解和时间管理来达到提高自控能力的目的。

帮助孩子摆脱拖延的倾向，这是提高他们自控力很重要的一个因素。拖延，我们每个人其实都有这个问题，它是由不同的原因造成的。有的是出于对完美的追求，希望能够有最好的思路和方法才去行动；有的是出于懒惰，是一种选择安逸逃避麻烦的本能反应。

所以，当我们发现孩子有拖延倾向时，要先观察孩子是属于哪种类型，再对症下药，从谈话沟通和行为督促上采取行动，帮助孩子克服拖延症。

同时，爸爸妈妈们也要从行动上去督促孩子，比方说，适当地陪伴孩子一起做一件事。这里要解释的是，我们说的适当陪伴孩子，不是守着孩子和看着孩子。举例来说，孩子不喜欢做作业，我们不是选择坐在旁边盯着孩子，而是可以和孩子一起在书房学习，孩子自己做作业，我们可以学习和工作。

## ◎培养孩子的想象力和创造力

中国目前的教育方式主要以应试教育为主，这种方式抑制了孩子的想象力和创造力，而这两个能力恰恰是孩子能够实现自我并且推动社会前进最重要的能力！爱迪生、乔布斯这些名字，让我们马上想到的就是想象力和创造力，这就是很好的例证。

首先，我们在和孩子相处和沟通中，要注意我们的方式，不要轻易地否定孩子的想法，哪怕是不切实际的想法。就拿从小教孩子用筷子这件事来说吧，很多的爸爸妈妈看到孩子用左手吃饭，就一定要求孩子改用右手。用哪只手做什么，确实存在一个大多数人都会这样做的习惯，但是，我们有没有想过，孩子用左手吃饭，会产生任何不好的影响么？不会！那么我们为什么要强迫孩子使用右手吃饭呢？

曾经有个妈妈对我说，我的孩子特别会画画，色彩感很强，会画蓝色的太阳，红色的小草，但是教画画的老师不认可她，说这个颜色画得不对。难道我们不应该鼓励孩子有不同的想象么？在孩子的世界里，感受到的太阳是蓝色的又有什么关系呢，为什么我们不能去体会孩子的感受，而要批评孩子做错了呢？

其次，在不轻易和随意否定孩子的基础上，爸爸妈妈更应该主动引导，让孩子对任何事情都带着批判性的思维来看待和思考。孩子从小就是一个“十万个为什么”，我们在回答孩子的问题时，多用引导的话语，去刺激孩子自己找答案，让孩子有思考的余地。

想象力的训练其实有很多的方法，如想象性呼吸训练、听觉想象训练、形象想象训练、动作想象训练、物品功用想象训练等。爸爸妈妈可以尝试学习这些方法，并且带着孩子一起去尝试，开发孩子的想象力。想象力是创造力的基础，有一句话说得好，只有想不到的，没有做不到的！

# 第十一章

## 跟孩子谈钱的事情

### ◎钱是什么?

关于“钱”，我经常会听到爸爸妈妈跟孩子们说两种不同的话，第一种是：“我们赚钱容易么?你就这样浪费!你知不知道你上这门课要多少钱啊?你为什么不能珍惜这些呢?”第二种是：“你好好学习，钱的事情你不用操心，我们都会来解决，你只用管好学习就好了。”

我认为，这两种观点都给了孩子错误的引导。第一种观点让孩子首先觉得赚钱很难，其次是会产生逆反的情绪，仿佛爸爸妈妈花了这么多钱在自己身上，孩子似乎一定要给予回报，而当孩子做得不好达不到爸爸妈妈的要求时，就是浪费钱。第二种观点让孩子对钱没有概念，不懂得赚钱的艰辛，也不一定会对赚钱和花钱有所计划。

钱到底是什么东西呢？

钱只是钱，一件平常的物品，一个用于做物品等价交换的物品。这里面包含两层含义，其一，钱只是一个物品，我们不要过于看重，其二，钱是用作等价交换的物品，用来保证我们的生活，所以还是很重要的。有一句话说得好：钱不是万能的，但是没有钱也是万万不能的。这句话充分说明了钱的价值和作用，这是爸爸妈妈们首先要帮助孩子认清的一个问题。只有形成正确的金钱观，才能让孩子用客观和理性的态度去对待钱。

### ◎钱值得热爱，但是不值得偏爱

世界上犹太人对钱是最为热爱的，也是最会赚钱的民族。他们认为，这个世界上除了上帝，就只有金钱最值得尊敬和重视，不管方式方法如何，只要是通过自己的努力和经营赚来的钱，就受之无愧。但是，犹太人对于钱也有一颗平常心，这也是犹太人的大智慧所在。追求物质和财富，是人的正常心理，但是如果只是为了赚钱和为了过富裕的生活而活着，我们的人生就丧失了本质的意义。很多时候，财富积累到了一定的程度，就只是银行里的一个数字而已了。

中国人对于物质和财富的追求，存在很严重的问题，一方面，通俗来说就是“穷怕了”，所以大家都拼命赚钱和攒钱，想让自己有安全感；另一方面，攀比心比较重，不想落后于别人，这一点也是中国教育的问题，从小就训练我们的孩子和别人比。这两方面的因素纠缠在一起，导致现在的社会对于“钱”的认知和要求有点超过正常的程度。在这样的社会环境下，我们的爸爸妈妈更应该对孩子给予正确的引导，让孩子形成正确的观念去对待金钱，而不至于迷失自我找不到方向。

首先，要教育孩子认识金钱并且懂得钱是很重要的东西。要让孩子从小就对家庭的收入和自己的开销有一个基本的概念。爸爸妈妈要告诉孩子，我们需要有计划地安排我们的支出，并且在做计划的时候，尽量让孩子参与进来，这样孩子就会慢慢对赚多少钱和花多少钱有基本的收支平衡意识。

其次，现在的爸爸妈妈都会理财，都知道要把钱管理好，这样才能有计划地支付家庭的大额支出或者出现危机时有应对之策。对于家庭理财，爸爸妈妈大可不必对孩子讳莫如深，因为越是不说的东西，孩子要么完全被排斥在外不知道而变得对此一无所知，要么就是越不知道的事情越想知道。

再者，请告诉孩子，在你 18 岁以前，我们是一个家庭是一个团队，所以我们会把对你的任何支出纳入家庭财力规划里面；但是，从你 18 岁成年开始，你要进入社会，你会慢慢地成为一个独立的个体，然后也会有自己的家庭，你需要为自己做财力规划。我建议爸爸妈妈在孩子 18 岁以后，给孩子大额支出时，比方说教育支出，可以让孩子跟你们签订借款协议，把金额明确下来，把还款时间作一个约定。这么做的目的是让孩子意识到自己花了多少钱，并且努力去把自己花的钱变成自己的能力和见识的提升，从而转变为赚钱的能力。

很多爸爸妈妈会问，这样做会不会让孩子觉得我们很无情？首先，如果爸爸妈妈做到了我们前面提到的所有事情，孩子知道了你们之间的爱，就不会觉得你们是无情的。其次，在这么做的同时，我们也会不断告诉孩子为什么我们要这么做，而不是生硬地去实施。最后，我们也不会真的像银行和陌生人那样去不断催促孩子还钱，我们会告诉孩子，即使你最后没有钱还，我们也不会怪你，投资也是有风险的，但是我们希望一起努力，争取让投资成功！

最后，除了让孩子参与家庭财力规划以外，我们更应该告诉孩子，钱只是我们生存的必备品，但是为了生活得更好，不是只有钱就能解决的。我们需要的是成就感，这种成就感来自梦想的实现和他人的认可，所以我们更应该去努力实现自己的梦想，在满足别人需求的同时，成就自己，包括他人的认可和得到财富。

## ◎别等到死之前，钱还在银行里躺着

钱，作为一种等价交换的物品，只有在运转的过程中，才能发挥出价值，就像一辆车，只有在被开的时候才有自己的价值。所以，我们要教会孩子如何正确地消费。

辛苦赚钱而不消费，那是白辛苦了。人活在世上，要善待自己，不要做葛朗台那样的存钱罐人物。爸爸妈妈们要教会孩子如何合理地消费，既不铺张浪费，也不过于节省。有的孩子对于消费有攀比心，别人买什么自己也要买什么，这种情况下爸爸妈妈要进行约束，不要过于去满足孩子的要求。同时，爸爸妈妈也需要多引导孩子学会利用各种优惠活动。此外我们也要教孩子不要过于节省。比方说鞋子，要尽量买好一点的，这样会有助于身体健康，因为脚底的穴位比较多，鞋子如果质量差的话，对身体不好。

消费，除了体现在吃穿住行上面以外，更应该体现在教育上面。这里想要提醒爸爸妈妈的是，不要把教育仅限于“培优”这种应试教育上面。这种“培优”未必对孩子有帮助，反而是既耗了时间，也不一定能让孩子学到真正有用的东西。真正的教育投资，应该是培养孩子的兴趣，增长孩子的见识，引导自己的自学能力和终身学习意识。

消费，除了上面提到的给自己的消费外，我们也应该考虑到“给别人的消费”——慈善。每个人都是这个世界的一个小分子，互相结合在一起组成这个世界，我们时时刻刻都在相互依赖和相互帮助。所以，要教会小孩用感恩的心去看待这个世界，看待这个世界的每个人，没有他们，我们不可能有追求梦想的基础和可能性。正是这种社会责任感和这颗感恩的心，要求我们预留固定的时间和金钱，来帮助需要我们帮助的人。有付出就会有收获，帮助他人，至少会让我们收获快乐和满足，而快乐和满足恰恰是人生的最高境界！

# 第十二章

## 年轻就是用来迷茫和受伤的

### ◎不经历风雨，怎么见彩虹

失败和成功，是一对会相互转化的矛盾体。如果孩子在某件事情上没有达成目标，我们称为失败，可是如果孩子通过这件事情增长了经验和见识，这何尝不是一种成功？但是就失败本身而言，容易让孩子丧失自信，所以我们需要从两个方面来帮助孩子，从失败中找到自信。

首先，要教会孩子如何转换心态。失败是成功之母，如果能从失败中找到问题，从而解决问题，反思自己不足的地方，避免在以后的学习和生活中再次遇到这样的问题，这就是成功，而且是一个很大的成功。爱迪生发明电灯泡就是一个很好的例子。

但是引导孩子反思要注意时机，一定不要在孩子最受打击的那一刻，来跟孩子分析为什么会失败，因为这个时候你说的一切孩子都听不进去。正确的做法是，给孩子一个缓冲期，让孩子在这段时间把心态慢慢平和下来。

其次，要让孩子独立做一些事情去感受失败和成功的感觉，这一点很重要。我们的爸爸妈妈都害怕孩子失败，任何事情都要提前给孩子指导，事中予以保护，防范出现失误，这对孩子的成长并不好。更多的时候，我们也是害怕孩子的失败给自己带来打击。

永远要记住一句话，不经历风雨，怎么见彩虹。风雨也好，彩虹也罢，孩子作为一个社会人，总得自己去经历，自己去体会的，作为爸爸妈妈，我们没有权力去剥夺孩子的乐趣和体验。尝试多给孩子一些空间，让他独立去做很多的事情，去体会失败，也去享受成功。就像在出国留学这件事上，每个孩子上飞机之前，我会说，忘记我这几年来对你说的所有话，只记得一句，保证生命的安全，其他的事情都勇敢地去尝试和体会吧！

## ◎人生没有最佳新人奖

我们的爸爸妈妈每天都在提醒自己：不能让孩子输在起跑线上。这样的提醒让我们倍感压力，每天都把神经绷得很紧，生怕孩子错过了任何的机会。我想跟大家分享的是，人生没有最佳新人奖，就像奥斯卡的设置上面也没有最佳新人奖一样。美国的摩西奶奶用她的人生经历告诉我们：人生永远没有太晚的开始。

人生既不会太早也不会太晚，更多的只是一个过程，需要爸爸妈妈带着孩子去享受这个过程。为了追求结果而一味想去赢得什么，一味地去竞争，反而不一定能得到想要的结果。

我们都认为，大学是人生最重要的起点。曾经有人统计，美国进入世界500强的企业中，有50%以上的CEO都是毕业于本地的州立大学，比方说，股神沃伦·巴菲特（Warren Buffett）就毕业于内布拉斯加大学林肯校区。很多时候，我们在开始的时候遇到挫折不顺利，如果能有正确的引导和坚强乐观的心态，经过我们不懈的努力，一定会达到同样的目标。

所以，和孩子一起享受人生的这个过程吧！

## ◎尝试放手，其实地面没有那么远

有一句祈祷文很有名，曾经给我很深的触动：

主啊，请赐予我平静的心，接受无法改变的事；

请赐予我勇气，改变可以改变的事情；

并赐予我分辨这两者的智慧。

有的时候，爸爸妈妈都希望孩子是完美的，所以给孩子安排满满的日程，让孩子尽一切力量去做到最好。在这样的思维方式引导下，孩子为了完成每一件事，都会拼尽全力去做。

在这种情况下，孩子们完全无法享受为了目标而努力的过程。而一旦目标和日常安排超过孩子的能力和控制，孩子感觉就像是双手扒着高楼大厦的窗沿上，似乎手一抖，就会掉下去，摔得粉身碎骨。而事实上，很多时候孩子们面对的问题并没有想象中那么可怕，但是在他们的这个年龄阶段，他们无法看到全局，无法理解事情的本质，从而无法做出正确的选择，而把自己逼到了窗沿上。

这个时候，我们的爸爸妈妈们需要告诉孩子，放手试试看，其实地面就只离双脚一尺高，即使超过一尺，摔下去也许会疼，但是一定不会粉身碎骨。很多事情，爸爸妈妈需要和孩子一起判断和选择，哪些是可以做的，哪些是时间和能力不够不要做的，哪些是做的过程中发现不合适了需要放弃的。一定不能什么都抓在手里，什么都想做好的时候，反而会什么都做不好。

### ◎享受爱情带来的喜悦

中国上下五千年的文明发展史里，只是到了最近这几十年，才允许个体在婚姻问题上有独立选择权，家长制在限制婚姻选择自由方面起到了很大的作用。这种家长制，从表象上看，是限制孩子们的自由恋爱和婚姻，从深层次看，其实是对孩子的一种控制欲，认为孩子就是自己的财产或者物品。

中国的孩子在中学时代，是被绝对禁止谈恋爱的，有时候会延续到大学期间。这段时间里，爸爸妈妈对于所谓的早恋是时刻警惕，一旦发现有些苗头，就如临大敌。而一旦到了大学毕业，工作稍微稳定后，爸爸妈妈爷爷奶奶们就开始每天不断地念叨结婚生子。这种从不能谈恋爱到马上就要结婚，似乎这个过程能在瞬间完成。很多孩子不会谈恋爱，结婚后也不会过家庭生活，导致了很多的矛盾。

我们再看看欧美的孩子们。他们在 18 岁成年后，很多爸爸妈妈鼓励他们去接触异性，比方说为他们组织举办一些

Party，赞成他们去约会，给他们讲解如何和异性相处，给予一些基本的安全知识培训，更会和他们分享爱情的喜悦。欧美的孩子们在这样的氛围里成长，一方面学会了如何和异性相处，另一方面也学会了如何恋爱，为将来迈入婚姻打下了基础。

年轻，就是用来感受和经历的，爱情是很重要的一个部分！爸爸妈妈们，不要让我们的孩子丧失体验的机会！这都是人生中最值得珍视的经历，将来老了回忆起来还会很动人。也请相信我们的孩子能够去正确地面对爱情！当然，这个过程少不了爸爸妈妈的引导，如果你们愿意以开放的态度来和孩子沟通并引导他们，比起盲目地压抑他们的青春欲望，会有更好的收获，不但收获了和孩子的友谊和信任，更让孩子收获了成长和体验。

### ◎分手的痛苦不只是专属孩子一个人

孩子恋爱分手了，别说学习，就连吃饭走路都无精打采，晚上失眠，白天失魂。爸爸妈妈们该多么心疼孩子，也恨孩子不争气，为什么这么在乎这段不成熟的感情，为什么要让自己受到伤害。这种分手的痛苦，有机会体验的话，未必不是一件好事，更何况时间会化解一切痛苦。所以爸爸妈妈们，放松一点，让孩子去体会这种刻骨铭心的痛苦吧。

跟孩子分享一些自己的经历，让孩子知道，不是只有你才有分手的痛苦，原来爸爸或者妈妈也曾经有过相同的体验。而这个家庭的组建，包括孩子这个爱情结晶的诞生，这才是最后的幸福。那么在这个结果中间所有经历的痛苦，都将会成为后来我们珍惜幸福的一种动力。

试图帮助孩子转移注意力，换个新发型，买点新衣服，带着孩子做一些新鲜的事情，或者去旅游看看新鲜的世界，这样可以提高孩子对新生活的向往。也许刚开始的时候，孩子并不能集中注意力，但过一段时间，随着记忆的淡忘和对新鲜事物的兴趣，孩子会慢慢恢复过来。

第三部分

# 美国大学申请攻略

# 第十三章
## 关于留学的选择

### ◎去哪个国家留学

这个问题一直是所有爸爸妈妈和孩子最关心的问题。通常大家的问题是去英语系的国家好还是去小语种的国家好？如果选择英语系国家，到底是去欧洲的英国还是去北美的加拿大、美国，还是澳洲的澳大利亚、新西兰？甚至有的爸爸妈妈会考虑送孩子去南非或者印度留学。

其实，爸爸妈妈们关心的问题核心是，第一，孩子去了这个国家能不能适应；第二，孩子去了这个国家能不能成功。

这个问题没有那么简单。如果只是因为选对了国家问题就能解决了，那只用去找算命先生就够了。事实上，对于选择留学的国家这件事，和孩子人生中其他的选择是一样的道理，适合的就是最好的。

首先是孩子的性格和能力问题。比方说孩子的性格比较外向，适应性和抗压性都很好，可能就会比较适合选择美国这样的竞争性国家，相反，则可以选择澳大利亚和新西兰这样比较安逸的国家。

其次是孩子的兴趣方向。如果对法语德语意大利语西班牙语这样的小语种比较感兴趣，或者对欧洲的古典文化或者时尚感兴趣，那就可以尝试选择欧洲的这些小语种国家。如果是对金融或者计算机相关的工作感兴趣，首选的还是美国这样的国家，其次可以选择英国或者加拿大。

还有就是家庭的资金承受能力。欧洲大陆的留学费用，相比英国和北美地区来说，不管是在学费还是生活费上，都要低一半以上。比方说在法国或者德国一年的费用可能人民币 8~15 万就够了，但是美国一年的费用可能需要人民币 20~50 万。

总的来说，还是要选一个适合孩子并且适合家庭的留学国家，这样不但会让孩子的学习有收获，也会让孩子的心灵和能力都得到成长，更让家庭充满幸福感和成就感。

## ◎关于各国教育的比较

我们把孩子和国家的匹配度放在一边，单纯来比较一下各个留学目的国的高等教育概况。

首先来说一下欧洲。从19世纪中国被迫打开大门开始，欧洲就一直是中国人的留学目的国。

英国这个日不落帝国，在18世纪到19世纪为自己赚足了眼球，有着带领全世界前进的风范，给中国人留下了很深的印象。从学术上来看，牛津大学和剑桥大学一直占据着人们的脑海，维多利亚时期的红砖大学也表现不错，再加上20世纪的以华威为代表的新式大学的后来居上，这些都让人们对英国的高等教育有所期望。从产业上来看，不管是从工业革命的起始地来说还是从伦敦的金融中心地位来说，到英国留学均有着很强的吸引力，再加上英国的人文历史气息，英国留学一直都在中国的留学目的国中占据很大的份额。从目前的一些统计数据来看，英国每年接收全球15%左右的留学生。

但是英国有一个问题，就是教育产业化的问题。英国的学校往往会在中国找一些机构作为招生代理。当教育被当做一种商品，到国际市场上来销售，就必然会产生质量问题。我们花时间和金钱到国外留学，是为了感受当地的思维模式。那么教育产业化导致的一个问题就是大家现在看到的，在英国的学校里面，尤其是热门专业，经常都是中国人一个班。本科阶段的教育会好一点，硕士阶段的教育则有点堪忧。

另外，由于经济环境的影响，英国取消了 PSW 签证后，留在英国实习和就业将变得更加困难。英国毕竟是一个小岛国，容纳量有限，加上受经济环境的影响，对于普通留学生来说，要想留下来，并融入当地社会生活，确实是一件不容易的事情。

法国和德国是两个欧洲大陆主要的留学目的国，据统计数据，这两个国家每年也分别接收了全球 5%左右的留学生。这两个国家最大的优势是，留学费用低廉。法国的优势专业是艺术等相关的专业，但是近年来，随着法国签证对法语要求的提高，这对学习艺术的学生来说又造成了一定的困难。德国的优势专业是工科和医学相关的专业。

关于法语和德语的学习，很多人存有误区。有的觉得英语学不好就去学习其他语言，有的则认为学习小语种好找工作。由于英语的普及，现在跨国企业基本上都是以英语为工作语言。所以学习了法语和德语只是第一步，英语的学习和使用一定不要放弃。现在法国和德国都有英语授课的项目，尤其是法国的高等商学院，以 HEC 和 ESSEC 为代表，基本都是英法双语授课。法国的商学院在欧洲大陆来说，教学质量和就业率是相当好的。

欧洲的荷兰和北欧四国也一直是留学的小众目的国。这五个国家都有本国的语言，但是英语的普及率在国内非常好，所以很多项目都是英语授课。荷兰曾经是世界的殖民者和贸易大国，国际贸易和港口物流都是不错的，另外荷兰的一些理工类的学校，农业和环境方面的专业也是很不错的。

再来说澳洲。澳大利亚从库克船长登陆到现在，只不过几百年的时间，是一个移民国家。选择这个国家留学的优势是有可能更容易获得这个国家的移民资格，当然移民政策随时在变动中。澳大利亚的大学，教育质量是不错的，其中八大名校一直名列世界百强之中。但是最大的一个问题，也是和英国一样，即教育产业化，在澳大利亚上学的学生中有很多是中国学生分在一个班，其教育质量肯定会大打折扣。据统计数据，澳洲每年也会接收全球 5%~8%的留学生。

亚洲的学校其实也是中国大陆留学生关注的，香港特别行政区的香港大学、香港中文大学、香港城市大学、香港科技大学、香港理工大学，新加坡的新加坡国立大学和南洋理工大学，还有日本的大学，这些都成为近年大家关注的热点。尤其是香港的本科招生纳入中国的大学招生体制后，大家都积极地去争取入港读书的机会。最近还看到一些新的趋向，就是关于印度的留学。印度的计算机产业和电影产业都在走美国的模式，国内一些大学有和印度的大学交流项目，所以有不少的学生去印度交流学习。

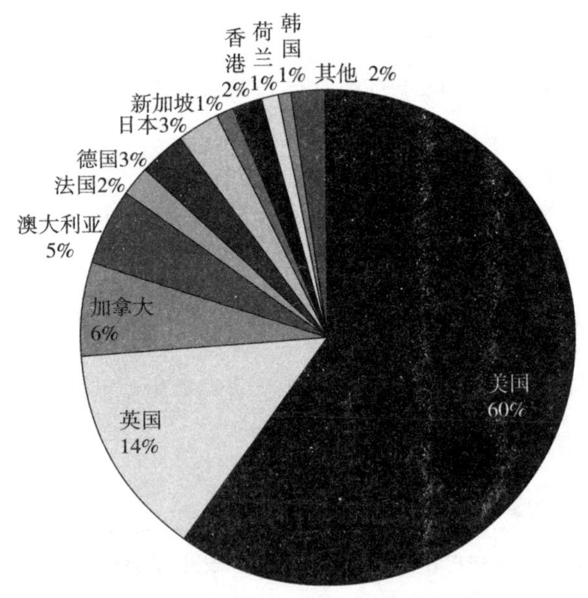


图十　2014—2015 年中国学生出国留学国家和地区分布

最后说说美国和加拿大。加拿大和美国都是自 17 世纪开始，由英法等各国殖民而形成的国家。从留学费用上看，本科和硕士阶段，加拿大要比美国便宜近三分之一，但是在博士阶段，美国提供给学生的资助会更多。从招生的政策来看，这两个国家都是移民国家，从某种程度上看加拿大的移民政策会稍显明确和宽松，美国则更看重人才，给予有能力的人各种机会。

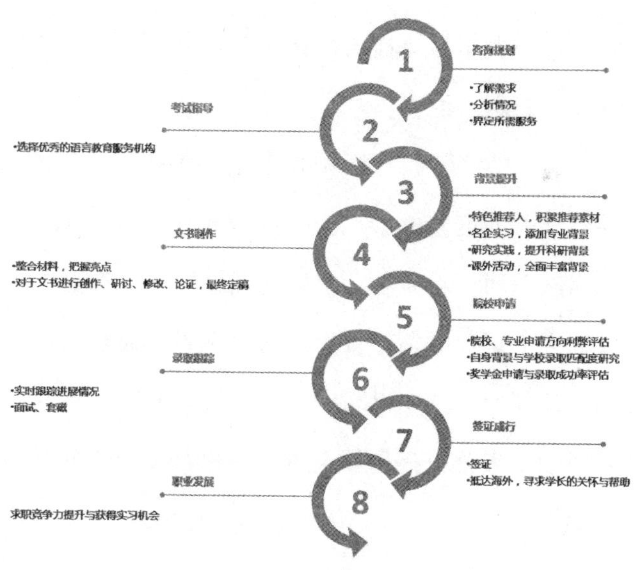


图十一　留学申请节点图

## ◎美国的高等教育

美国的建国历史比较短，仅两百多年的时间，美国人创造了一套更适应现代社会的经济制度、社会文化制度，包括教育制度。美国在教育上的投入已经产生了很大的经济效益，尤其是二战以后，以哈佛大学为首的研究型大学的崛起，从人才的输送和科研成果的提供，为美国经济占据世界领导地位起到了至关重要的作用。

在美国人看来，进入高等教育学习的人，都是希望将来能成为领导、有一番作为并且现在有这方面能力和潜力的人。这一点要分几个意思来说明。

首先，美国的高等教育招收的是有抱负的人，这是美国高等教育的目标，即培养社会精英。所以招生官在招收学生时，从文书和面试里面，希望看到学生的理想所在，希望看到学生将来有成为某个行业的领导者的志向，希望看到学生有参与这个世界的行动并改变这个世界的决心。就像美国好莱坞的电影大片中演绎的主人公，都是救世主，都抱着改变这个世界的未来而前进的人。

其次，美国的高等教育培养的是有领导能力的人，而不仅仅是大学毕业后选择做一个普通的打工者的人。徒有理想和抱负是不够的，这个人必须有领导能力，如此才能在将来的职业发展中有所成就。

正是美国高等教育的这种使命感，引导了其教育方式的革新。既然要培养有理想的领导人，就需要有想象力和创造力，就需要有解决问题的能力，这些都不是提供“答案”就能培养出来的。这正是美国教育的精髓所在，也是美国教育能够促进本国经济发展的原因所在。我们的孩子到美国去读书，最重要的也应该是为了这一点。

# 第十四章

## 什么阶段出国读书比较好

出国读书越小越好么？

其一，这个问题没有一定的结论，但是最重要的一点肯定是和家庭能够承担的费用有关系，其二，是孩子的适应能力的问题，其三，是家庭对于孩子的职业生涯规划的问题。第一点不用我们作过多解释。第二点需要爸爸妈妈来好好判断，如果孩子的性格开朗，适应能力强，小一点的时候就出国，不会造成太大的冲击，相反有一定的压力还会促进孩子的成长；但是如果孩子的性格比较内向，缺乏安全感，太小的时候让孩子一个人在国外学习生活，有时候会对孩子造成一定的阴影。第三点为关于职业规划的问题。很多爸爸妈妈希望孩子能够留在国外就业并且走移民的路线，在这种情况下，孩子小一点出国也是个好事，可以更好地融入当地的语言环境和生活环境中。

随着中国经济实力的提升，很多爸爸妈妈把孩子从小学甚至是从幼儿园开始就送到国外去读书，爸爸妈妈一方去陪读，或者全家移民。孩子从小就在国外长大，在语言的学习和思维方式的本地化上面，会有很好的效果，只是希望爸爸妈妈也要多关注孩子的这种双向融入的问题。再者，有一部分家长会选择在中学阶段送孩子出国读书，相对于大学阶段出国读书的孩子来说，这部分人员并不多。

大部分爸爸妈妈还是选择让孩子出国读本科。本科阶段是孩子世界观、人生观和价值观形成的阶段，也是孩子的思维比较开放但还未完全定型的阶段。在这个阶段如果能够去地球的另一边看看不同的人和接受不同的观点，对孩子来说是一个很好的大脑刺激，所以我个人建议在有条件的情况下让孩子在大学阶段出国读书。

另外大学阶段出国读书，还有一个很好的选择，就是本科转学。美国的大学基本上都接受转学生（Transfer Student）。中国的学生可以读完大一或者大二后，转学到美国继续读完本科。中国这边的学分会被有选择地转入美国大学，到美国后，继续修满美国大学本科所必需的学分就可以毕业。美国大学的转学申请要求是介于本科申请和硕士申请之间的，基本也是需要托福成绩、高中阶段和大学在读成绩和推荐信，有些学校也要求学生考美国的高考 SAT 或者 ACT。转学到美国读书，费用上会比直接从大一开始读节省三分之一到二分之一。

关于研究生。

研究生这个词，在中国是一个概述，实际是包含两个学位，一个为硕士研究生，一个为博士研究生。学生在本科毕业后，读硕士研究生，硕士研究生读完后深造博士学位，当然也有硕博连读的学位。

和中国的学制有一点不同，在美国，本科生毕业是可以选择读硕士或者读博士的。当然如果你已经是硕士在读或者拿到了硕士学位，来申请博士项目，从某种程度上还是比本科生占有一定优势的，至少研究经历会更丰富一些，推荐老师的资历也会更深厚一些。

美国的本科教育设置偏向于通识教育，所以设置硕士教育，让学生在本科四年后再经过短时间的某专业的培训，能够在毕业后更好地实现就业。硕士教育一般一年到三年，时间长短是根据不同学校和不同的项目设置来定的。不过，硕士教育都是以授课为主，如果项目的设置是三年的，而学生又觉得时间太长，平时可以多修几门课加上利用寒暑假修课，尽早达到毕业所需学分，以便提前毕业。

而博士项目的设置，更多的是为美国这个科学技术能够迅速转化为生产力的国家培养研究型人才，同时，博士生也是教授和研究人员的助理。博士项目的设置主要是针对对科研有兴趣，并且有一定的研究经验的学生。博士项目一般四年到五年，但是如果学生参与的项目做得顺利，也有提前毕业的，如果项目大或者进展不够顺利，也会延期毕业，甚至有长达七八年的。

很多学生会纠结，博士学位需要读这么长时间，纯属浪费时间。提这种问题的学生，我都不建议读博士，因为这个问题证明这个学生对研究没有热情，只是为了毕业拿到学位才想去读这个博士。我一般都会告诉学生，读博士学位的这个过程，其实就已经在工作了。博士学位拿到后，如果这个学生真的对研究感兴趣，无非是继续留在学校做研究或者进入企业的研究团队做科研，所以博士的阶段其实就是做研究，还是带薪做研究，怎么会觉得时间长？

# 第十五章

## 美国高中教育的解析

### ◎美国的高中学制

美国的高中长达四年，从九年级到十二年级，这是和中国的高中三年制所不同的地方。美国的高中分为公立和私立两种类型，公立高中一般都是按社区设置让学生就近入学，是免费的；而私立高中一般通过学生参加入学考试来选拔，每年的学费从两三万美金到四五万美金不等。

美国从中学阶段就是按照大学的选课制设置的。中国的教育，从小学到中学，都是按一个班级一起上同样的科目设置，这种“一刀切”的方式不利于学生的个体成长。在美国，学生们只有年级的概念，没有班级的概念。每个学生都是根据自己的情况和自己的导师（Advisor）讨论制定自己的课程表。每个科目的教室是固定的，学生在每个科目的上课时间去那个科目的教室上课，下课后，这个班的学生就分散去下个时段自己选的科目的教室去上课。

到美国读高中，可以让孩子从十几岁开始就适应美国的这种开放式思维，同时也是对语言能力的一个很好的锻炼，将来申请美国的大学时，也更能得到美国招生官的认可。

### ◎如何选择美国高中

如果想赴美读高中，一般应选择私立的寄宿制高中（Private Boarding School）。

在美国，私立的学校一般会更贵族化更精英化。私立的学校一般有一个考试入学审核程序，用来控制生源的质量。比方说对外国学生，学校会要求学生在申请的时候提供托福成绩和SSAT成绩，另外还需要对学生面试，最后决定是否录取。此外这种私立的高中是市场化运作，如果学校的教学质量不好或者升学率不高，就会缺少生源，导致资金缺乏而无法继续维系。所以私立高中都是花高价来请名校毕业的优秀老师，并且保证学校的教学设施和校舍条件。

我们建议学生选择寄宿制的私立高中。学生赴美读高中，年龄比较小，寄宿制的高中在管理上比较统一，并且学生和其他的学生们在一起吃穿住行会有很好的融入度。有的家庭会倾向于选择寄宿家庭，理由是让学生能够更好地融入当地的语言环境和人际关系。通过这么多年的观察，我会建议，赴美初期最好不要选择寄宿家庭，一方面是，学生在年龄小的时候住到一个陌生的文化背景的家庭不一定能适应。有时候美国家庭的吃饭习惯和孩子不匹配，孩子身体又处于成长期，会给孩子的健康造成一些影响。有时候住宿家庭的“妈妈”管教的方式不适合孩子，还会让孩子有逆反情绪。另一方面，遇到不太负责任的寄宿“妈妈”，也会对孩子产生不良的影响。

在选择美国高中的时候，很多家长也会介意学校的排名，这其实是一个很大的误区。我们选择让孩子赴美就读高中，一部分原因是希望孩子能够更早地接触语言环境，拓展孩子的思维方式，但是更大一部分原因则是为了让孩子将来能够进入更好的大学。所以我强烈建议，要给学生选择合适的高中，要让这个高中的教学难度和竞争激烈程度都低于学生的能力，目的是为了让学生进入高中后能够快速拔尖，在提高学生的自信心的同时，让学生积累优秀的成绩去申请美国的大学。

那么，我们怎么来选择美国的私立高中呢？首先要注意学校的人数。一般来说，超过 500 人的学校就比较大，200 人到 400 人的学校就是中型学校，低于 200 人的学校是小型学校。我们要判断孩子的学习能力和适应能力，如果能力强，可以选择大型学校。但是一般来说，我们还是建议尽量不要选择大型学校，学生在大型学校里面表现突出是比较难的。

其次要看一下学校提供的 AP 课程有多少门。美国的高中提供三种类型的课程，第一是普通的课程，高一个级别的是荣誉课程（Honor），再者就是 AP 课程（Advanced Placement）。比方说数学课，学生先从普通的数学课开始选修，然后进阶到可以选择荣誉课程，如果学生的数学成绩好，可以在 11 年级或者 12 年级选择 AP 课程。注册参加 AP 考试通过的话，可以到大学换学分。所以 AP 课程的门数多也是学校的教学质量好的一个表现，因为有相关资历的老师才能开设相关的 AP 课程。一般来说，一个学校有 10 门左右的 AP 课，就是比较好的了。

再次，要看学校的课外活动。美国的高中一般都是下午三点半后到晚餐之前是课外活动的时间，让学生发展兴趣和培养能力，这也是美国大学申请过程中要展现给招生官看的重要方面。另外我会建议学生在学校要努力争取去组建社团。有的学生对茶文化比较了解，可以在学校组建茶文化社团，招募社员，一起宣传中国的文化。这种课外活动能很好地锻炼学生的领导力，也拓展了学生的社交能力，将来在申请美国大学的文书和面试中，也是很独特的经历。

### ◎如何在美国高中选课

在美国高中选课也是一门小学问。上面我们提到，美国的高中是实行学分制，所以如何选课也是有一些小技巧的。

首先我们作为外国学生到美国读书，第一要解决的是英文课程。开始的时候，学生应该选择 ESL 课程，这是专门为外国学生开设的英文课程，帮助学生融入学习环境。很多学校的 ESL 课程也是分级别的，有初中高级，学生可以根据自己的程度来选择。如果学校不开设 ESL 课程，那就要慎重考虑，是否就读这个学校。

其次，数学课一般是中国学生比较擅长的。中国的数学课程比较重视基础的部分，老师会训练我们反复做题。在美国，数学课不训练反复做题，而是把公式和计算器给你，教你怎么运用数学方式解决问题。所以开始的时候不要选择太难的数学课程，尤其是不要一去就选择荣誉课程，因为上到后半部分时，我们的学生很难跟得上。

最后，美国的教育重视人文科学。美国历史是必修课，而美国历史恰恰是中国学生的一个难点，这里建议大家如果有赴美读高中的想法时，就要开始自学美国历史。先从中文读本开始学习，再进行一些简单的英文读本的学习。这样，到了美国以后，开始上美国历史的课程时就不会那么吃力了。

总的来说，在美国高中就读，需要保持平时成绩每门课都能得到 A，这对将来申请美国的大学是很重要的。在美国人看来，平时成绩是这个学生的智商和情商的体现，也即聪不聪明和努不努力的体现。

在美国读高中，学生面临的压力还是比较大的，既要适应生活，又要保持学习成绩；既要准备托福和 SAT，又要保证课外活动。所以如果一个家庭决定送孩子去美国读高中，一定要作好心理准备，一起来面对这个压力，尤其是爸爸妈妈要多给孩子精神上的支持，多鼓励，不要继续施加过大的压力。

# 第十六章

## 美国本科申请大战

### ◎美国的本科教育

美国的本科教育强调的是通识教育，一方面提高基本的写作技能和沟通表达能力，另一方面了解人类的历史和发展，形成自己的世界观和人生观，找到自己的理想和目标。这是美国的基本社会价值观的体现，以培养完整的人（Whole Man）和全面的人（Well-rounded Person）为目标。相比中国相对功利化的教育导向，美国的这种教育理念给学生长远的职业发展打下了更坚固的基础。

拿专业的选择来说，和中国在高考的时候就要选专业不同的是，美国大学选专业的时候，有一个选项叫做

“undecided”，就是待定，也就是表明我还没有决定好选什么专业。这个选项是一个很人性化的选项。美国的中学都会提供一些机会或者要求学生去参加社会实践，甚至会安排学生到公司去了解不同的职业和岗位的要求。即便如此，也只有很少的学生对大学想学习的专业和毕业后想从事的工作有很清晰的认识和坚定的想法。

所以美国的大学生在申请的时候可以选择“待定”选项，在进入大学后，在大一和大二的时候，除了加强基础学科的学习外，他们通过选修感兴趣的专业课程和参加实习实践来决定自己选择的专业。很多学生还会在选择的专业学习一段时间后，发现自己对另一个专业感兴趣，就转专业，或者是辅修另一个专业。有一些学生因为转专业后要重新修满新修专业毕业所要求的学分，会导致延期至五年甚至六年才本科毕业，而这在美国大学里是很平常的事情。

这样的开放式的选择专业，让学生有更多的机会接触到不同的专业，为最后找到自己喜欢的专业提供更多的机会。当然，中国现在有些学校也会开设一些“大专业”，让学生从基础学科学起，到了大三大四再选择细分方向，这是一个很大的进步。

此外，美国本科教育重视学生的思维多元化开发。从课堂的学习来说，在中国上课就是听老师在讲台上面讲，而且是照着书本讲，考试的时候学生就按照书本或者老师的观点来答题；而在美国，更多时候老师讲课都是启发式的提问，学生的答案也是五花八门。对于学生提出的问题或者见解，中国的老师更多是予以否定，要求学生按照所谓的“标准答案”来回答；而美国老师则是鼓励学生提出自己的看法和意见，并且会和学生一起探讨这种观点的可行性，而不仅仅是正确或者错误。

更重要的是，美国的本科教育重视培养学生的各种能力，从领导能力到解决问题的能力。比方说课堂上老师不是讲解原理，而是布置很多小组讨论和动手解决问题的任务，让大家有思考的空间和合作的机会。如果是商科类型的课程，老师会安排学生们模拟现实，去做一些实际的案例；如果是理工科类型的课程，老师会尽量多地让学生参与实验，自己动手得出结论。

总的来说，美国的本科教育方式对一个人在 18 岁开始初步形成自己的世界观、人生观和价值观的时候是一个很好的引导，让学生有机会去找到自己的兴趣、开发思维并且锻炼能力。当然，这并不代表美国的本科教育就没有不足。比方说，学生可以随意地换专业，有时候会导致学生没有持久性，对一个专业的学习浅尝辄止，换来换去最后也没有找到自己的兴趣所在。我们家长就需要在认识到这些问题的基础上，结合学校的教育模式，对孩子进行一定的约束和引导，尽可能多地利用好美国本科教育的优势，防范因此带来的问题。

### ◎关于提前录取

美国的大学申请是一个自由竞争和双向选择的过程，这一点从学生可以同时申请多所大学就可看得出来。20 世纪 90 年代，这种竞争达到了白热化程度，大学为了锁定优秀学生，出台了提前录取（Early Decision，ED）的招生制度。提前录取就是让学生在 12 年级的上学期就递出申请，很多学校还将此日期提前到 11 月 1 日之前或者 11 月 15 日之前，在当年的 12 月中旬或者 12 月底就会给学生录取结果。学校要求学生保证，只要学校予以了录取，学生就必须放弃其他学校的录取。

提前录取对学校的好处就是可以让优秀的学生选择自己，招到好学生；对学生的好处是让学生的录取率增加。就拿哈佛大学来说，普通录取的录取率为 7%左右，但是提前录取的录取率可以达到15%左右，翻了一倍。但是这个提前录取，是有失社会公平性的，并且会导致恶性循环，所以很多学校开始取消这个制度，哈佛大学也在取消和恢复之间反复摇摆。

这里要提醒大家的是，在递交提前录取的那所学校申请的同时，建议提早行动（Early Action，EA）和常规申请（Regular Decision，RD）的学校也要同时提交申请，因为早起的鸟儿有食吃，现在学生申请的数量越来越多，每个大学的招生委员会的老师都忙不过来，刚开始审理学生的材料时，还头脑清醒有激情，到了后期，一方面是名额越来越少，另一方面是老师们看文书都视觉和心理疲劳了，如果不是特别出彩的文书，很难打动他们。

但无论如何，提前录取对学生来说还是一个不错的选择。

所以当我们在12年级的10月左右应把ED、EA、RD的学校都进行申请，12月的时候ED会出结果，如果被录取，我们就给其他学校发邮件告知这个结果，如果被拒绝，我们就继续保持和其他学校的联系，争取录取的机会。

这里想提一下提早行动。EA我们也是建议学生选择的，能选择EA的时候尽量选择EA，增加录取的几率。因为EA并不约束你的选择，即使你被录取了，也不像 ED 那样要求你必须选择这个学校赴读。

### ◎美国的大学招生制度

美国的大学申请系统主要有两种，一种是大部分学校都在使用由 College Board 提供的 Common Application 网申系统，一种是加州的系统。还有极少数学校使用自己开发的网络申请系统。在申请表格里面，除了有个人的教育背景、家庭信息和课外活动等一些需要填写的信息外，最重要的就是文书（Essay）写作这个版块，它也是学生和家长们最头疼的部分。

在 20 世纪之前，美国的大学是完全被所谓的“安格鲁—撒克逊白人清教徒”（White Anglo-Saxon Protestant，WASP）所代表的上流社会所占据。当时美国大学的录取标准主要是看标准化考试成绩。20 世纪初，很多犹太人以自己的聪明和努力，考出了比较高的分数，从而获得进入大学的机会。尤其是在纽约，犹太人比较多，导致纽约的大学里面犹太人的比例上升。所以哥伦比亚大学率先于 1910 年设置了招生委员会（Admission Committee），制定一系列的录取条件，从家庭背景到学生的性格、品质、能力各方面要求学生提供相关的证明，结合学生的分数条件，来判断是否录取这名学生。这样就让学校有了自由裁量权，以表面的公平来限制对犹太人的录取。这个制度出台后，哈佛大学、普林斯顿大学等学校都争相效仿。这就诞生了美国现代的招生制度。

我们说这个制度是一个恶的花结了善的果。相比于中国现在普遍实行的高考分数决定制，美国的这个招生制度似乎更为人性化。首先，美国的招生官重视学生的平时成绩（GPA），美国人允许学生多次参加 SAT 考试，并且一些学校允许学生把不同次数的考试最好成绩拼在一起提交，彻底打破了“一考定终身”的概念。其次，美国的招生官还会参考学生的 SAT 成绩和托福成绩。

前面两项如果达到了这个学校基本的录取标准，招生官就要看学生的文书了。这个让大家头疼的文书，其实是给机会让学生去表现自己，让招生官看到你的与众不同的地方和你的潜力。当你前面两项分数没有足够的竞争力的时候，文书便是一个补充说明的机会。

### ◎如何准备本科申请的文书

在 Common Application 的系统里面，要求写两个小文章。

我们先来看第一个小文章的要求：

Personal Essay

The essay demonstrates your ability to write clearly and concisely on a selected topic and helps you distinguish yourself in your own voice. What do you want the readers of your application to know about you apart from courses, grades, and test scores?

Choose the option that best helps you answer that question and write an essay of no more than 650 words, using the prompt to inspire and structure your response. Remember: 650 words is your limit, not your goal. Use the full range if you need it, but don't feel obligated to do so. (The application won't accept a response shorter than 250 words.)

1. Some students have a background or story that is so central to their identity that they believe their application would be incomplete without it. If this sounds like you, then please share your story.

2. Recount an incident or time when you experienced failure. How did it affect you, and what lessons did you learn?

3. Reflect on a time when you challenged a belief or idea. What

prompted you to act? Would you make the same decision again?

4. Describe a place or environment where you are perfectly content. What do you do or experience there, and why is it meaningful to you?

5. Discuss an accomplishment or event, formal or informal, that marked your transition from childhood to adulthood within your culture, community, or family.

Please write an essay（250-650 words）on the topic selected.

首先我们来分析一下考题。很多学生都是直接忽略第一段话，直接看下面的五个题目，但实际上，这个题目的核心要求就在第一段话，尤其是第一句话中。招生官希望从这个文章描述的一件事或者一种观点中看到学生的能力，就是第一句话里面的 ability。什么样的能力呢？即与众不同的能力和特点，让你可以在申请者中脱颖而出，就是后半句中的英文单词 distinguish 所要表达的意思。

所以，在写作过程中，学生时刻要在脑子里面记得一个点，不管选取下面五个题目中的哪个题目，都要在文章中用事例去体现自己不同的能力。在本书的第一部分，我们曾详细讲到学生需要具备哪些能力，可以作为参考。

这里再提醒大家的是，在申请本科的时候，学校最看重的是学生的领导能力，因为美国的教育是精英教育，凡是被纳入到美国名校的学生，都是被认为将来会在各行各业中成为精英的人群，所以一定要具备领导力。因此，大家要在文章中选取一些事例来佐证自己的领导能力。注意领导力可以被分解成各种能力，比方说沟通能力、组织能力等。

另外，美国人希望看到学生具有遇到困难不服输的精神和解决问题的能力，这一点从上面第二个题目就可以看得出来。比起一个从小就一帆风顺的孩子来说，一个经历了各种磨难和挫折却仍是勇往直前的孩子，美国人更倾向于招收后者。在一个人的成长过程中，不可能不遇到困难，遇到困难并且克服困难的孩子，将来再遇到困难就不会害怕，而没有遇到过挫折的孩子突然遇到很大的问题时，往往手足无措。

其次，这个文章要求学生们自己写，就是英文的“in your own voice”。我每次都会向学生和家长讲解这个文章的写作要求，并和大家一起做头脑风暴，形成思路后，我都会要求学生自己回去写初稿。

很多时候，孩子和爸爸妈妈都希望老师帮忙代笔，一方面是孩子担心写不好，无从下笔，另一方面是爸爸妈妈怕孩子写不好或者思想负担太重。我想提醒大家，招生官都是身经百战，一个十七八岁的孩子是什么样的用词和造句，还是能看得出来的。孩子亲自写作，老师再来一起帮助分析和修改，这个过程不仅会改出符合孩子特点的真实的文章，更会让孩子的写作能力有一个质的提升。

最后，关于文章的内容，美国的大学怕大家还是不能够理解，特意在第二句话作了补充，告诉大家这篇文章是要大家写出自己的能力，而不是写自己上了什么课、平时成绩好不好和SAT或者托福的分数。这就是美国人想要看的，即你是谁，而不是你考了多少分。如果你很优秀，就算你的各种分数不是最优秀的，我们也会考虑录取你。改变这个世界的人，大部分时候都不是考试分数最高的那个人！

第二篇文章的要求是Additional Information：Please provide an answer below if you wish to provide details of circumstances or qualifications not reflected in the application. You may enter up to 650 words. 从题目本身来看，是没有提出任何要求的，你可以提供你想要提供的信息，也可以参考第一个题目的第一句话，即只不过再给你一个机会展示自己的另一面。

这里要提醒大家的是，两篇文章都有字数限制。前几年原本没有字数的要求，但是学生们提供的文章过长，也有很多废话，增加了招生官的阅读负担。所以这几年慢慢开始限制两篇文章的字数，这个限制也增加了学生的写作难度，要用 650 个英文单词表达自己，确实不是一件容易的事情。

除了 Common Application 以外，每个学校还会在自己的补充表格里提出很多问题，有一个典型的问题是为什么选择我们学校，我们称为“why essay”。关于这个问题的答案，大部分学生都会写，如你们这个学校有哪些优势，所以我选择你们这个学校。其实这并不是招生官想要看到的答案，因为这个学校有什么好处，招生官比你更清楚。这个问题实际上是要学生回答自己有什么样的优势和特点能够匹配这个学校，说到底还是要写出学生的能力。

最后想跟大家分享的是，文书里面所要求体现出来的学生的性格、品质和能力，不是仅仅希望学生写在文章里面，而是希望学生能够真正做到，这是一种教育导向。中国教育只是要求学生背答案考分数，而美国教育要求学生成为超人，不但要有高分，还要参与各种课内和课外活动，来锻炼和体现学生的领导力以及各种潜力。

# 第十七章

# 美国硕士申请的特点

### ◎尽量提早申请

硕士的申请，没有本科申请的提早申请制度，但是和本科申请一样，一定要尽量早地递交申请。硕士申请的网申开放时间通常在 9 月左右，我们会建议学生在暑期就把学校选定，把相关材料准备好，争取在大四的 9 月到 10 月能够把申请提交，而不是等到申请的截止时间才开展行动。

近两年，有一些临近截止日才递交申请的学生，会在第二年的 5 月左右收到学校群发的邮件，大意是我们的审理已经接近尾声，由于你们递交材料的时间比较晚，我们没有时间审理你们的材料，你们希望我们把你们的材料放到明年的申请审理里面，还是我们把申请费退还给你们，请予以说明。这样的学校还是很负责任的，发一个邮件来说明情况，还有一部分学校由于工作量大，直接就把学生默拒了。这就充分说明一个问题，一定要尽早递交申请，保证自己的申请得到审理的机会，而且越早被审理，录取的几率越大。

有的学生会问，如果我在递申请的时候，分数还没有出来怎么办？

你在填写网络申请表格的时候，里面关于考试分数的部分，空格除要求填写分数外，还有一个选项是可以填写将会考试的时间。这就说明，在提交网申表格的时候，并不是一定要提交分数。申请提交后，离申请审理还有一段时间，如果招生老师看过你的申请背景和文书材料后，觉得你的能力和潜力很不错，他们会发邮件提醒你提交考试分数。

这里提醒一点，学生在提交网络申请表格并且付申请费后，学校会给每个学生一个 ID 号，也就是这个学生的审理档案号，在申请的过程中遇到任何问题需要和招生老师联系时，提供这个 ID 号，老师就会为你提供咨询服务。

### ◎关于学校的选择

在美国，硕士的课程设置大部分都是贴近职场的，既然是以就业为导向进入硕士阶段的学习，那么我们在选择学校的时候，就应该以就业为方向，而不是仅仅看学校的排名。首先，地理位置的选择很重要，比方说学金融的学生，纽约就是首选城市。在纽约这个国际金融中心，就读期间的实习和见习机会更多，毕业后的就业机会更大，还有最关键的一点是，人脉关系的积累会更丰富。

其次，要看学校的课程设置。有些学校偏理论研究一些，课程设置也会偏理论性；有些学校和企业的合作更多，那么课程设置会更偏向实用性。这一点可以通过学校的网站来了解，同时也可以和院系的老师取得联系，获取一些信息。

最后，看学校的名气，尤其是在国际上的综合实力。有的学校在排名上很靠前，但是可能由于学校的地理位置偏僻，导致名气不大。作为国际学生，将来不管在美国还是在中国就业，我们都需要利用这个硕士文凭作为敲门砖，所以最好选择一些名气大的学校，这样更容易打动企业。

### ◎关于个人陈述的写作

很多学生的写作误区在于，把个人陈述写成了简历的文章版，就是把简历的每个部分加上主语和标点符号，连成一段话，然后把几段话汇成一篇文章。这种文章是招生老师最不想看的，因为简历里面写的东西已经看过了，他们是想从个人陈述里面看到简历之外你的能力和你的特点。

首先，个人陈述要体现出你明确清晰的职业规划。每个学校都会要求大家提供一个短期目标和一个长远目标。事实上，学生们从一进入硕士教育阶段，马上就要开始进入求职的状态了，所以在个人陈述中，一定要有一个合理的职业规划。

2008 年美国金融危机后，出现了一定程度的就业困难，有的学校还会问学生的补充备选职业发展方案，问学生如果短期目标达不到，会采取什么方式去解决。所以建议大家在陈述自己的职业规划的时候，可以给出一套备选方案，表明自己考虑周到，可进可退。

其次，个人陈述中，并不建议大家把简历里面提到的每件事都描述一遍。正确的做法是，选取两到三个最能体现自己能力的事件来描述，每个事件重点表现自己某一个方面的能力。

要注意避免的是大家只在文章中提出观点，而不用具体的事例来证明，或者是每件事都轻轻带过，没有细节描述。这样的一篇陈述文章，会让人觉得很空，看完了仍不知道这个学生做了什么、有什么能力。

### ◎关于推荐信

在美国，不管是申请学校还是求职，你应尽量争取拿到相关的推荐信。美国人利用推荐信的制度来约束大家，因为如果你不能在学习和工作中表现突出，那么就拿不到推荐信，这样对以后的升学和求职都会造成影响。美国人在为别人写推荐信时显得非常慎重，而且会按实际情况来写。

我们中国也有推荐的习惯，但是我们更多的是口头“打招呼”，很少用信件的形式正式而坦诚地来推荐。学生在申请美国的学校时，一般需要找两到三个老师，拿到他们的推荐信。

在选择推荐人方面，大家一定要注意选择和自己有直接关系的老师。有时候，有学生问我：“老师，我妈妈说我们家有个亲戚，好像是我妈妈的表姨妈的侄儿子，从小就在美国，现在是耶鲁大学的教授，我能不能去找他写推荐信?”我除了扳着手指头去盘算这个关系的复杂程度外，很难找出这个推荐人从哪方面可以推荐这个学生。美国人希望推荐人和学生有直接关系，能够亲眼见到和亲身感受到这个学生的能力和优点，并且实事求是地写出来。当然，这个推荐人的权威性越高，对学生的帮助也会越大。

现在中国的大学教育中有一个很大的问题，即老师们在阶梯教室用 PPT 讲大课，下了课就走了，很少和学生有交流。我们的学生到了要申请学校的时候，就开始头疼，不知道找哪个老师做推荐人。其实，反过来，我们的老师也很头疼，对学生并不熟悉，当学生来找老师推荐的时候，老师答应或者不答应都很尴尬。所以，我要提醒大学生们，一定要主动在课上和课下和老师们多多交流，这样才能让老师熟悉你。

# 第十八章

## 美国博士申请的秘密

### ◎是不是应该申请读博士

博士申请这个词一直就和“全奖”两个字相联系，所以去美国读博士在中国的学生中间有很大的诱惑力。再加上在这个全民重教育的社会里，博士毕业代表的是一种优越感和安全感，由此很多中国学生盲目选择申请博士，而不顾及自己的兴趣爱好和背景条件。

其一，我认为，学生在选择申请读博士的时候，要问问自己，是不是对研究感兴趣！否则的话我建议学生还是慎重考虑，原因在于：其一，读博士的时间比较长，短则四五年，长则七八年，对一个自己完全不感兴趣的东西要花人生最黄金的时间去完成，确实是一个很难挨的过程。这也是为什么很多中国学生在中途放弃了继续读完博士学位，或者转读硕士学位，或者选择就业的原因。

其二，博士项目的指导老师都是科研人员出身，他们对研究的要求比较高，科研经费的来源方也会对研究有时间和质量上的要求，有很多对研究很热爱的学生都承受不了来自老师和项目本身的压力，更何况你对研究不感兴趣。

其三，最重要的是，如果你对研究不感兴趣，拿到了博士学位后，你不想继续从事研究，那么就业就显得比较困难。因为很多美国的公司不愿招聘博士。

再来说背景条件。如果是硕士在读或者是硕士毕业的学生，一般都会有研究经验。但是很多学生在本科阶段没有做过研究，或者用学生的话来说，在实验室“打了一下酱油”，这种情况下申请博士项目，还是有很大的风险。因为如果你没有研究经历的话，你怎么说服美国的老师，说明你对研究有兴趣和你有一定的研究能力呢？所以在这里建议大一大二的孩子们，如果你们考虑全奖去美国读博士的话，请从现在开始，积极联系老师，寻求进入实验室研究的机会；一旦可以进入实验室，不要找任何理由说自己无法参与研究，机会都是自己创造出来的，用自己的努力和勤奋去让别人认可你！

有的学生会问，我大学参与的研究和我想申请的专业方向不匹配怎么办？这其实完全没有问题，一方面，刚参与研究项目的时候，你还拿不准自己喜欢的方向，能够进入实验室做研究就已经很不错了；另一方面，有的学生知道自己喜欢的方向，但是就读的学习条件不允许，没有相关的研究方向也是有可能的。所以学生们需要告诉老师：第一，自己是如何因为对科研的热爱而进入到现在的实验室；第二，自己又是如何对喜欢的研究方向感兴趣的，给一个合理的有逻辑的解释；第三，要在邮件往来、文书和面试过程中，向老师展示自己的各种能力。

### ◎奖学金的种类

“奖学金”这个词，大部分是一种泛称，我们来看看奖学金的构成。

首先，申请读博士的学生，学校会将学费减免，英文中叫做 Tuition Waiver。学费减免不一定都是全免，在经济条件不好学校没钱的时候，或者是学生不够优秀的时候，学校有时候也会做出免二分之一学费或者免三分之二学费这样的决定。那么剩下的二分之一或者三分之一的学费还得自己掏腰包。一般来说，学费在三万到五万美金之间，当然也有更贵的。

生活费方面，读博士，其实就是打工，这就是为什么我们会把导师叫做“老板”的原因。导师管理一个实验室，其实就像管理一个小公司，导师从科研经费的来源到开销以及管理人员招聘等都要管。所以在招生过程中，导师会根据学生的优秀程度和自己的资金是否充足，来决定这个学生的“薪资”，也就是生活费。生活费通常以助研（Research Assistant）的工资形式发给学生，每两周或者每个月打到学生的账号上。正常情况下一个月为两千美金左右，这个金额负担每个月的生活费绰绰有余，所以很多学生在美国还有多的钱买车，也能过上富足的小日子。

另外，很多时候，导师也会安排学生做助教（Teaching Assistant），因为老师都有教学任务，老师给学生上完大课后，辅导课一般都交给自己的硕士或者博士研究生来进行。这部分工作，院系是会给学生开工资的。当然，当助教是要经过考核的，尤其是英文方面，英文如果不达标，你是没有办法给学生们上课的。助教的薪资会和课时的多少相关联。

奖学金大部分时候不是靠我们申请的，而是学校或者奖学金设立者确定一个标准，符合标准的学生会收到这个奖学金。奖学金一般不会很多，从几千美金，到一两万美金。

一般来说，能够拿到学费减免和助研的薪资，即是我们所说的全奖了，简单来说，就是不用自己再额外掏钱去国外上学。

### ◎关于套磁

套磁，说简单一点，就是联系未来的研究导师，并作一定的沟通和交流。很多学生在申请之前都会问我要不要套磁，或者能不能不套磁。这个问题，其实是学生怕麻烦的一种表现。我想问学生，如果要你去相亲，你会说能不能不相亲，我直接跟相亲对象结婚？和老师联系，这也是一个双向选择的过程，老师选你，你也在观察老师。

套磁是一个过程，不是一件事情。首先，在套磁之前，我要求学生们浏览美国的学校网站，大家在这个过程中，不要抱有太强的功利性，也不要太偷懒，做好时间管理，每天看一个学校，三个月下来，不但可以把学校看完，还锻炼了英文能力。

要提醒大家的是，在浏览大学网站时，一定要做好记录，不能看过就算了。这么丰富的信息，是不可能一下子都记在脑子里面的。要用 word 文件或者 excel 表格把信息作一个整理分类，方便后期的筛选工作。

看学校网站的时候，要把自己感兴趣的老师记录下来，稍晚的时候应和老师取得联系。这里需要提醒大家的是，沟通能力在某种程度上会决定成败。首先，要学习基本的英文邮件的写作，注意一些常规的用词和造句，同时也要注意语法，因为一封邮件，字数也不是很多，却错误百出，老师会觉得这个学生没有科研的严谨精神。其次，每封邮件的内容不宜过长。前面我们也说了，导师真的都很忙，你一次写一个长篇大论，有的时候还没有排版，导师看了一眼，就想关闭文档窗口了。

很多时候，我们发套磁信给教授，他们会回复说，我今年不是招生委员会的成员，不参与招生的审理程序，或者说要你把申请递到研究生院，他们会进行审理，并且会给你申请的链接。在这种情况下，我们要学会判断老师在邮件的字里行间给我们的信息，看看这个老师是不是会对你感兴趣。比方说有的老师在回复的时候，说你的经历非常让人感兴趣，或者说我今年会有少量招生名额。类似这样的回答，其实就是一个积极的信号，告诉你，老师还是会对你有兴趣的。

这里给大家介绍一下博士招生的两种机制。不过，不管是哪种机制，博士的招生还是要通过研究生院（Graduate School）来进行的。

大部分情况下，首先我们需要把申请递交到研究生院，研究生院的老师再把相关资料转给院系，院系的相关招生老师做出决定后，反馈给研究生院，由研究生院来发放录取通知。在我们填写学校的申请表格时，通常会有一个问题：是否联系过我们学校的老师。你在回答的时候要填写上你套磁联系的老师。这样招生的老师看到表格上面填写的内容，有时会去询问这个老师对你的意见，帮助做出录取决定。这就是为什么需要套磁的原因。

说到这里，要提醒大家，在申请过程中，应该多和自己在国内的导师和教授联系，争取让他们给你推荐一下熟识的国外老师，这种推荐对录取有很大的帮助。曾经有个学生在套磁的时候和一个国外老师联系上，这个老师看了学生的简历，发现自己曾经在开国际会议的时候和这个学生的国内导师一起住过一家酒店的同一间房。这个老师马上和这个学生的国内导师电话联系，询问学生的情况。在得到国内导师对这个学生的正面评价后，马上同意录取这名学生，并且给予全奖。

还有一种情况是，有的学校老师自己有招生的资格，老师同意招你以后，会让你填写研究生院的申请表格。你提交表格后告诉老师，老师会直接发放相关的录取文件给你。

顺利的套磁会给申请的成功带来很大的保障！

## ◎关于心态

博士的申请过程，对于每个学生来说，更多的是一种心态的磨练。

首先，每个人手头的事情非常多，既要完成课业，又要做科研，还要联系导师。这个时候要学会合理安排时间，安排好每件事情的进程，并且做好进程记录。

其次，博士申请的过程很折磨人，有时候老师前段时间还邮件往来，可是最近却一直没有音信，可能是老师招到了更合适的人选；有时候我们还会被反套磁，就是老师从申请表格的数据库里面搜索到你的信息，来联系你，问你是否对他的研究感兴趣。所以要保持心态的平和，去积极面对每一天的变化。

最后，在博士申请的过程中都会接到老师的电话或者要视频沟通，很多时候还不止一次，有教授的面试，有招生委员会老师的面试，甚至有的时候是大家一起给你面试。这个时候，一定要沉着冷静地去面对，把这个过程当做一种学习的过程。

一般来说，通过了博士申请的这个过程，学生们都会有很大的成长，不管是在能力上面，还是在心态上面。所以，享受这个过程吧！

# 第十九章

## 英语的学习

### ◎为什么要学习英语

关于双语学习的问题，从事语言学习和教育的研究者有不同的看法，但是总的来说，从小接触双语，对孩子的语言能力和认知能力还是有很大帮助的，所以现在的英语教育从小学甚至幼儿园就开始了，这是一个不错的策略。只是中国的教育存在一个很大的误区，英语的学习被当做一个进入名校的工具，这违背了语言学习的初衷，也导致了中国的孩子们学了十几年的英语，却听不懂也无法开口说。

那么学习语言到底是为了什么呢？语言是用来交流的工具，而不是用来考试的工具，考试只是一个检测语言学习的手段而已。所以，如果能认清这个问题，那么语言的学习就会变得有趣很多，效果也会好很多。

那么我们学习英语是为了什么？就是为了交流，为了工作和生活中的交流，和不同国家不同种族的人交流。既然现在英语已经成为了世界性语言，而中国又走在了新世纪崛起的道路上，我们作为新世纪的青年人，就需要用英语去和世界各国的人交流，这也是我们在工作中和生活中需要面对的。大家都希望通过出国留学和旅游来扩展自己的视野，提升自己的能力，找到更好的工作，实现自己的梦想，那么会说英语就成为了一个必须掌握的技能。我们需要在和别人沟通中，听得懂别人在说什么，并且能够自由地表达自己的想法；在交往中，我们要看得懂别人写的文章，也需要通过写作表达我们的想法。

亚洲的印度、日本、韩国、新加坡、马来西亚等国家，非洲的南非，欧洲的中南欧各国，他们的学生的英语测试水平没有中国学生好，但是他们的英语应用能力，尤其是口语表达能力，似乎都比中国学生要好，这是为什么？因为他们对英语的应用比我们要多得多！就拿印度来说吧，因为英语是官方语言之一，所以印度学生都是在说英语写英语，而中国学生在十几年学习英语的过程中，往往都是在背英语看英语。

### ◎英语学习的方法

阅读（Reading）往往是中国学生最擅长的部分，因为我们从小就在看英文文章，做各种英语阅读理解练习题。这其中有个很严重的问题是，我们的英语阅读文章常常是中国人写的，并且是中国老师以中国的思维出的测试题，在这样的训练之下，一旦我们的学生面临美国人的托福测试题或到美国学习生活时，就发现自己的理解总是不对。

所以在英语阅读上，第一，建议少看中国人写的英语文章。

第二，一定要精读和泛读相结合。现在学生们往往为了考试而学英文，所以精读比较多，都是一篇文章反复推敲反复看，而往往忽略了泛读。对于中文的学习，我们从小除了课堂的学习，还要看报纸，看小说。对于英语的学习也是一样的道理，我们也需要每天花十分钟的时间看看英语的报纸和小说。这个时间可以固定下来，比方说有的人喜欢吃完饭以后看一会报纸，睡觉前看一会小说，那么现在就把材料换成英文的。泛读的过程中，不要随时拿着字典查看不懂的单词。通过泛读我们需要培养的是语感的问题，只需要大概懂得文章在讲什么就好了。

第三，需要适当地增加一些英语教材原著的阅读，花的时间和精力可以介于精读和泛读之间。这个阅读对托福考试也好，对将来在国外的专业学习也好，都会有良好的帮助作用。

写作（Writing）其实是一件很简单的事情。因为每个考试的写作都是有一定的格式和结构要求的。你需要的是按照题目的要求进行撰写。真正难的地方倒是考试之外的写作，怎么去自如地表达自己？有一个最简单的办法，每天或者每周养成写英文日记的习惯，不要怕自己写得不好，坚持去写，每过一段时间，比方说半年，再回头来看自己前面写的东西，会发现自己一步一步在提高。

听力（Listening）的训练和阅读一样，同样是需要精听和泛听相结合。中国学生总是很怕听力，往往不愿意去做练习，最后导致的结果是更听不懂。所以首先大家要培养对听力的兴趣。从看美剧看英剧开始，试着不要看字幕，直接通过他们的对话来理解剧情。我的一个朋友喜欢看韩剧，自己从来没有学过韩语，但是一天到晚都在看，到后来，即使不看字幕，她也听得懂韩语。这就是语言学习的最高境界：母语习得法。其次要学会每天精听，把听力材料反复听几遍，通过答题来测试自己的理解度，然后再进行听写或者跟读和复述，通过这样的训练，可以很好地锻炼听力能力。最后，要注意泛听，比如听英语歌曲、听英语新闻或者散文阅读等。

口语（Speaking）是大家在英语学习中最喜欢也最害怕的，每个人都希望自己说一口流利的英语，但因为怕说不好而不敢开口，或者想好了也不敢开口。口语除了要多跟外国人交流以外，自己的努力也很重要。英语学得好的同学，有的能背英语的很多经典文章，有的能背电影的经典台词。还有一点是要大胆地说，不管是不是说得好和说得对，只要坚持大声说出来，就会慢慢有所提高。

最后需要强调的是，英语学习和其他的学习一样，同样是一个终生学习的过程。最不提倡的是为了考试，每天从早到晚学习英语，一旦考试通过了，就再也不碰英语。学着把英语学习当成一种爱好，每天抽固定的时间坚持学习，这样既保持了对英语学习的热情，也让自己的这项技能日益精进，一举两得。

### ◎关于单词和语法的问题

很多学生在学习的过程中，都不喜欢背单词，觉得很枯燥，更不愿意学习语法，觉得只要多听多说，照着别人的样子说，就能学习好英语。首先多听多说没有错，因为学习语言就是学习别人怎么说。单词和语法是什么，单词是一个语言的基础元素，语法是如何把单词组成句子的规则，只有这两个东西结合起来了，我们才能搞清楚别人为什么这样说，说的是什么。

背单词是一个枯燥的过程，但是这又是一个需要坚持的过程。每天固定一段时间，一般每天 15 分钟左右，看一本单词书，一直坚持去做，自己的单词量一定会日益增大，对单词的理解也会增强。

语法学习也很重要，大家一定要用一段时间，系统地学习一下语法，了解英语的句子结构及组成原则。

### ◎留学英语考试

托福是音译的英文 TOEFL，是 The Test of English as a Foreign Language 的简称。托福是由美国的教育测试服务社（ETS）举办的英语能力考试，经历了从纸考 PBT（Paper Based Test，满分 677 分）到机考 CBT（ Computer Based Test，满分 300 分）再到现在的网考 IBT（Internet Based Test，满分 120 分）三个阶段。目前的 IBT 测试分听、说、读、写四个部分，

每个部分的满分是 30 分，有效期是两年，考试报名在每次考试前三天截止，托福考试的分数一般在两周左右出来。

一般美国 Top50 的综合性大学都要求学生托福成绩在 100 分以上，并且有的学校对单项分数有要求，尤其是口语部分的分数。即使有的学校官方网站上面写的是 80 分，但是在录取过程中，托福分数普遍上涨，最后录取的学生分数也都达到了 100 分以上。

IBT 有三个明显的特点：第一个是采用真实场景考试，比方说模拟大学校园中的动态和交互环境。另外由于是机考，学生在做听力材料的时候，只能看到屏幕上的场景图片，是看不到测试试题的。这些对中国学生的英语应用能力提出了很高要求。第二个是听、说、读、写之间的结合更紧密。口语的考试部分要先阅读一段短文，再听一段短文，如果没有听明白短文的意思，口语对话部分将会非常困难。写作部分也是要求考生先阅读一篇文章，再听一段相关的课堂演讲，既对阅读能力有要求，也对听力有要求，最后才是表达自己的观点和对写作能力的考核。第三个是由于采用人机对话，有的学生对电脑不熟悉导致阅读效率低下，有的学生打字速度慢或者准确度不高导致写作很难完成，还有的学生是口语声音太小或者不清晰导致录音有问题，最后口语评分较低。

2014年4月，由于BBC报道了英国境内的ETS考点有作弊问题，英国内政部结束了和ETS的合作，不再承认其旗下的托福和托业考试成绩，导致部分考托福赴英留学的学生需要重新提供雅思考试成绩给英国各大学。

雅思是音译的英文IELTS，是The International English Language Testing System的简称。雅思是由剑桥大学考试委员会外语考试部、英国文化协会和IDP教育集团共同打造的一个考试，分为学术型和培训型两种类型，分别针对申请留学的学生和计划在英语语言国家参加工作或者移民的人士。据统计，截至2014年，全球有超过170个国家的8000个院校机构、政府部门等认可这个考试，英国、澳大利亚和加拿大的院校是100%认可。美国也有超千所大专院校认可这项考试，但是2014年4月英国境内ETS考点作弊事件导致英国不承认托福后，有可能会影响美国院校对雅思考试的认可度。

雅思考试每个月都有2~4场，考试的时间是2小时45分钟，考试的满分是9分，听、说、读、写各个单项满分是9分，一般英美比较好的学校要求总分至少7分以上，单项至少不低于6分。雅思考试相比于托福考试，对中国学生最大的优势是纸考，这种形式是中国学生从小就训练的方式，所以比较容易适应；口语的部分是和考官对话，对交流沟通能力好的学生来说，有很大的优势。

关于考试有一个很重要的问题，我们说要想钓到鱼，必须像鱼那样去思考。所以考试中要想取得高分，一定要学会站在考官的立场，用考官的思维方式想问题，如此你才能给他想要的答案，你才能获得高分。有一些学生单词背得很好，语法学习得很好，可是考试就是得不了高分，有时候可能就是因思维方式不当造成的。一方面你需要去了解这个考试的出题者，如果是美国人，你就要想美国人的思维方式是怎样的，为什么出这样的题？出这个题要考什么？需要你答什么？

英语的学习，除了对语言本身的学习以外，更多的是学习他们的思维方式和人文历史，只有这样，才能让交流更顺畅。大家在平时的学习中，需要多学习英美的历史，看一些分析英美思维方式和处事态度的书。人类学家本尼迪克特在二战期间写的《菊与刀》就是分析日本人的思维方式，让美国人通过了解日本人，从而在战争中找到赢得战争的方式。我们在语言学习中也是一样的，要想在英语学习中打胜仗，首先要了解别人。

# 后　记

# 我是怎么遇见最好的自己

我的爸爸妈妈都是老师，从我还在妈妈的肚子里面，我就每天陪伴妈妈在教室里面上课。妈妈对我的出生充满了期待，她拒绝了外婆要带我的要求，从我出生开始就一直跟着我。她觉得小孩子从小要养成好习惯，而老人容易宠坏小孩；其次，小孩需要跟妈妈在一起，才能得到妈妈最全面的关爱。

就这样，我在一个小小的小学里开始长大。那个年代的学校比较松散，每天我都会在教室里面跑来跑去，听妈妈讲课。下课以后妈妈的学生们都会抱着我到操场上面玩。后来妈妈总是在家讲我小时候的故事，说有一次一个老师上数学课，问学生一个算术题：十只鸟，打死三只，还有几只？我在教室里面游荡，听见了就大声说，鸟都飞走了。结果那个数学老师很开心地跟我妈妈说我很聪明。和大孩子们一起度过的这段时光也让我的人生中从来不知道什么叫怯场。我从小就和大孩子一起玩，无论在多少人面前讲话办事，我都很自在。

我总是对未知的世界充满好奇和期许，我喜欢跟比我懂得多的人沟通。直到现在，我最感兴趣的事情还是旅行和阅读，我的消费基本都集中在这两个领域。如果一段时间我没有出去行走，或者没有买新的书，我会觉得很压抑，我永远需要有新的东西充斥我的头脑，给我生活的动力和灵感。

就是这样的成长环境，让我对教育产生了天生的热爱。可是找到我的梦想和目标，花了我十年的时间。

从我记事开始，我就喜欢让弟弟妹妹和小伙伴们搬椅子坐在我面前，我充当他们的老师。这是我一直以来最喜欢的游戏，也是我最擅长的事情，花掉了我很大一部分时光。这个游戏迫使我需要读很多书，因为只有这样，我才能有东西跟他们分享。幸好妈妈买了很多书，从小就让我随便读，也不介意我把书弄坏。

自小学开始，我就对妈妈说，我要当老师。妈妈抱着我说，不要当中小学老师，很琐碎，很辛苦，至少要当大学老师。妈妈也许希望我能从事更“耀眼”的职业吧。

中学时代，我遇到了人生中最困扰的一件事。爸爸妈妈都在学校里面，所以从小我就是学校里面的小人物，加上我能说会道和学习成绩好，一直以来，所有的老师都喜欢我，至少我的感觉就是这样。中学时代，我遇到一位以考试为唯一中心任务的老师，完全超越了我对生活的理念，于是我们两个格格不入，我甚至害怕去学校。而这个老师“陪伴”了我中学四年。高中努力学习的动力，就是不要听他说的，我要靠自己学习。高中毕业唯一的开心就是再也不用见到他了。

直到现在，时光飞逝，心里对这段困扰释然后，再来分析这件事，我发现，这件事对我的影响很大。首先，我锻炼了自学能力，因为我不信任他，所以我告诉自己，我只有靠自己。我每天反思，怎么安排学习计划，需要学习什么，每次考试后都自己总结。其次，我的教育观在和他的对抗中形成了。妈妈给我的教育是培养我的独立能力和发散性思维，如果我没有遇到他，我会认为这个世界就是这样运行，但遇到他后，我才开始反思，开始理解很多问题。教育，是帮助孩子找到属于自己的学习方法和成长模式，帮助孩子找到自己的梦想和目标，帮助孩子找到成功的道路。而中国普遍存在应试教育观，“培养”出来的只是会做题的机器人。

高考后如何填报志愿，在我们家激烈地争论了好多天。

我从小的 Dream School 是复旦大学。梦想来自《狮城舌战》，描述复旦大学辩论队参与在新加坡举办的第一届华人大专辩论会的过程，那本书在我中学时代一直是我的枕边书，有时候看一眼书名，都成为我第二天努力起床的动力。现在在电视上看到蒋昌建和姜丰，内心还有点小激动。

那时候高考是估分，很难准确地评估报哪所学校的哪个专业会万无一失，最怕的就是第一志愿掉档，最后爸爸说，算了，就报武汉大学，也挺好的。于是深夜里，抱着万分的不情愿，我在第一志愿上面填写了武汉大学。

有个小插曲，我交了表格后，就后悔了。截止日那天，跑到教务处找老师，准备改志愿，结果被告知，老师出去招生了，所以那天拿不到表格。就这样去了武汉大学。这件事也对我产生了深远的影响，就是以后无论遇到什么事情，我都会遵从我的第一感觉，去尽力尝试，而不再患得患失，因为有时候机会就在犹豫中溜走了。当然，现在我很感谢武汉大学，法学院的马克昌教授、韩德培教授，哲学院的赵林教授，这些大师级人物，让我感受到太多东西，学习到太多东西。

填报学校的同时，还面临选择专业的问题。由于中学时代形成对中国教育的反感和排斥，我想都没有想过要学教育学，甚至从大一开始就一门心思想出国读书生活，内心抱着对欧美自由开放的期待。于是，我报了武汉大学录取分数要求最高的法律系，还得了新生奖学金。后来我用这个奖学金买了人生的第一部手机，诺基亚的直板机，也是那个时候，我的财商被触碰了，我发现赚钱是一个有趣的事情。

就这样我开始了我的大学生涯。抱着香港电视剧里面戴头套的律师上庭的幻想，我开始了法律学习。经过大一和大二两年的“折磨”后，我慢慢开始理解了中国的法律制度，开始明白，这不是我想要的未来，也不是我擅长的。接下来从大三，我开始了自己的寻梦旅程。

从国内到国外，我靠中学时代练就的学习能力，我学习了语言学、教育学、心理学这些我感兴趣并且擅长的学科，我学习历史学、宗教学、人类学、经济学这些我认为作为在这个世界活过一次的人都应该了解的基础人文学科。当然我很感谢法律的学习，它培养了我的逻辑思维，锻炼了我的记忆力，让我认识了这个世界。就这样，我慢慢形成了自己的世界观、人生观和价值观。

找到现在的职业，是在参加司法考试后等结果的日子里。

就那么不经意地遇到，然后再也没离开，虽然现在我的律师职业资格证还在家里的墙上挂着，但是已经变成了一种荣誉证书。我从中学时代开始的这么多年，我学习到的所有的东西，都为我成为优秀的国际教育咨询顾问贡献了力量。加上我天生对教育的热爱和擅长，我终于在这个世界找到了自己的位置。

我的梦想就是用我自己的力量，去改变一点中国的教育。克里希那穆提在《最好的教育是爱》里面提到，老师的作用不是培养学生的一部分思维，而是应该培养学生的整个思维，努力教育学生不被生存的小小漩涡吞没，从而在整个生命之流中航行。这就是教育的功能。我每天的工作就是讲课和咨询，帮助每个家庭和孩子做人生和职业的规划，指导孩子们做留学申请。更重要的是，我希望在这个过程中，帮助他们认识自己，找到自己，改善自己。

我希望能对遇到我的孩子的人生有一点点的贡献。我希望，孩子们不要只是记得在我的帮助下，获得了名校录取机会或者拿到了全奖，我更希望大家记住我们是怎么得到这个结果，把这个过程中学到的东西，体会到的成功，用在以后的人生道路上。如果孩子们在人生的道路上，因为遇到我，而有收获，我的人生就满足了。这就是我的人生价值！

现在的我是成功的。成功就是找到自己的梦想，并愿意付之终生去实现。

现在的我是满足的。每天早上睁眼，想到需要我帮助的孩子们，我都会精神百倍地起床，走向工作的路上。

希望和分享可能是我人生中用得最多的两个词。我希望大家能分享我的所见和所想。这本小书是近几年我在校园演讲和至美学院授课内容的一些总结。每次站在讲台上，看到孩子们热切的眼光和诚挚的赞同，我都会由衷地觉得所有的付出都是值得的。我希望孩子们都能在痛苦的世界里尽力而为，获得自己的幸福而安定的生活，收获属于自己的成功。

在这里，要特别感谢我的团队成员，是你们每个人的付出和支持，使我的工作得以顺利进行。希望把这本书献给和我一起努力的你们！

# 附　　录

# 一堂准留学生家长的必修课

青春期是人生中最重要的阶段，孩子在为自己的未来作准备，为接受世界上最好的高等教育作准备。做家长的，想要帮上一把，有时候却使不上力，甚至有时候觉得孩子变得陌生，有时候觉得失去了孩子的缰绳。每一天，想着这个与自己心灵相系的生命，即将独自踏上征程，那真是，想淡定，又淡定不下……

没有人比您更在乎您的孩子，可是我同样地关心每一个学生的未来。家庭教育是所有教育的基础，父母更是最好的老师，可如何才能做一位合格甚至优秀的“老师”呢？

数年之前，我将北美能力本位教育（Competency Based Education）体系引入中国，并以此创立了优秀的培训品牌——

至美学院，研发出大量拥有自主知识产权的教材和课程，包括：名校申请课程、留学规划课程、职场精英课程、留学妈妈课程等，受益人数达百万。时至今日，至美学院取得的成就不容小觑，已经成为中国211高校专属留学考培品牌，更以“最值得信赖”和“最具有创新力”著称。我相信，至美学院的课程和服务能够切实有效地帮助广大准留学生家庭，从考试高分到名校录取全程为你们保驾护航。

**至美学院经典课程之妈妈训练营**

知名国际教育机构至美前程教育集团旗下培训品牌至美学院的明星产品，行业内唯一面向准留学生家庭家长的高端亲子课程。

分析近年美国 Top 30 名校本科以及硕博招生趋势，对比中美教育特点，详解美国大学招生官工作流程，帮助家长进行国外名校申请的时间规划和各种准备工作。

深度解析名校要求学生具备的能力，让父母学会培养孩子的这些能力，并将相应活动体现出来，最终写出满意的申请文书。

**至美学院经典课程之留学规划课**

融合至美留学多年美国顶尖名校申请成功经验，紧跟海外名校录取标准和动态，并结合中国学生在申请过程中遇到的普遍问题，如盲目跟风、背景条件过弱等，帮助学生先人一步，提前规划，在申请季游刃有余。

课程板块：出国留学成功学、全球留学风向标、文商科 or 理工科、语言学习从高分到高能、透视名校招生委员会、申请文书面面观、奖学金是这样炼成、选择属于自己的未来。

**至美学院经典课程之名校申请课**

业界首推的高端辅导课程，全年滚动授课，为希望以 DIY 方式申请的学生量身打造，涵盖留学申请中的各项环节和难点：择校、选专业、联系教授、套磁、文书、网申 & 打包寄件、面试等，帮助优秀的申请者收获应得的名校 offer 和奖学金。

**至美学院经典课程之留学预科课**

收获 offer 之后，留学之路才真正开始，至美留学为即将出国留学的学生设计，帮助其优先适应海外课堂氛围，把 Presentation 做到优秀，充分应对 Group Project，入学前完成海外大学学科知识储备，更好地适应国外学习生活。同时也可让高中生和大学生不出国门就能提前了解海外名校学习方式，帮助自己决定是否要出国留学，为开启成功人生提供宝贵的

“零风险”机会。

**至美学院经典课程之职场精英课**

紧跟国际商业社会变化趋势，把握企业需求，深挖行业发展对人才的需求，从职业规划角度，满足学校对学生综合素质的要求；从企业角度，满足学校需求。非常注重中国学生所缺失的能力培养，是对中国现阶段应试教育最好的补充。

**至美学院经典课程之语言学习课**

托福、雅思、GRE、GMAT、SAT、ACT等出国考试培训，尊重知识学习的科学规律，回归留学语言考试的本质，注重学习方法的传授和学习习惯的培养，为留学申请季快速适应海外学习生活服务，帮助学生在取得好分数的同时提高自身能力。

著名国际教育机构至美前程旗下的培训品牌，引进美国CBE体系（Competency Based Education，能力本位教育）。

全面剖析中国学生最缺乏的素质能力，植入中外优秀企业的招聘、晋升等用人理念及标准，结合美国常春藤名校的商业精英培养模式，经过数十位升学及职业专家、学者对中外教育多年的潜心研究，独家研发了适用于中国学生的成长体系——“CBE”，是对中国当今教育最好的补充。

无论你将来是出国留学

还是国内就业

都要先来“至美学院”留留学

## 至美服务 BE Service

# 留学顾问规划设计

学生姓名：　　咨询顾问：　　责任顾问：　　咨询时间：________ 年____ 月____ 日

**1.时间规划**

**2.研究经历**

**3.实习经历**

**4.社团经历**

**5.推荐人选择**

**6.考试时间安排**

长江商报 www.changjiangtimes.com | 2012年3月28日 星期三 | 教育周刊 B31

求学故事

美国名校欣赏她的进取精神

# 5所美国名校全奖录取武大女生

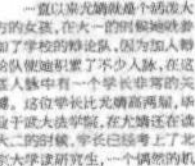

3月，正是大学应届生找工作或者备战考研正酣的时候，武汉大学的一名大四女生已经拿到了5所美国名校的录取通知书。“我也没有想到这次的录取结果这么好，我的申请辅导老师至美前程的张蓓老师在申请的过程中一直在鼓励我，也是她的坚持和帮助让我有了今天的好成绩。”

## A起源：追求永无止境

上周，记者在至美前程美国留学服务中心的办公室见到尤婧时，她正在和她的申请辅导老师商量最后选择去上哪所大学。“因为有两所学校是我比较纠结的，我自己经验不足，我希望得到老师的指点。”

谈到出国动机，尤婧表示她之所以选择出国留学，主要是因为受学长学姐们的影响，她从大二开始就有走出国门学习国外最先进的技术的想法，“大二有了出国计划后就一直在准备，大三上学期就去考了GRE，去年3月份就考了托福。从那时起，对出国留学的态度一下子从憧憬向往变成了势在必得。”

## B契机：突破重重阻碍朝梦想出发

一直以来尤婧就是个活泼大方的女孩，在大一的时候她就参加了学校的辩论队，因为加入辩论队使她积累了不少人脉，在这些人脉中有一个学长非常的关键。这位学长比尤婧高两届，毕业于武大法学院，在尤婧还在读大二的时候，学长已经考上了北京大学读研究生，一个偶然的机会，学长得知有一个叫iGEM（International Genetically Engineered Machine Competition-国际基因工程机械）的大赛，是现今世界上最前沿的一项国际大学生创新竞赛，向有成生物学竞赛，汇聚了来自世界各地的顶尖学生和精彩的最创意走出的参赛项目。比赛要求各参赛队伍在暑假一年内运用工程学的理念和基因操作的手段设计和实现某种新的生物机器功能，并通过网站、演讲、海报等形式进行展示交流和评比。在北京、上海等多所高校都有派代表参加。在学长的鼓励下，尤婧参加了武大第一次组队，但是由于第一年准备和经验不足，未能参加2010年的比赛。

2011年，在其他同学都放弃的情况下，尤婧毅然承担起组队的重任。“我们武大也不能落后啊！”尤婧说，当时学长的一句话点醒了她，她决定一定要说服同学一起去参赛，终于在第二年她组织起了包括生科院、数学院、计算机院三个院的20名同学加入了参赛的队伍中。

接下来没有想到的是，说服老师的过程异常的艰难，因为此前没有这样的先例，参加这样的一次国际赛事学校的花费也是不菲的，参赛的事情迟迟没有回音。可尤婧并不气馁，决定放手一搏，自己写了一份周密的计划书及参加比赛的种种理由之后带着计划书多次找院长谈，最终院长被尤婧的诚意打动，同意派人组团参赛。

为了节约经费，尤婧与其他成员商量出了：在20个人中选8个代表展示成果，这8人分成2个组选派两个组长，5人去香港，3人去美国。作为首次参赛的队伍，武大代表队在2011年10月中旬通过了在香港举行的亚洲区初赛晋级到麻省理工学院（MIT）的决赛，并获得了银牌。尤婧有幸与另外4个成员去到美国参加决赛。尽管最后在MIT没有得到奖项，这次努力却为武汉地区的学生们打开了一扇窗，一个与国际接轨的机会。“相信我们这次的组队，会为明年的学生们做好铺垫，希望他们明年能继续组队参加，并获得奖项！”

## C关键：iGEM比赛激发无限潜能

尤婧的指导老师，至美前程首席咨询顾问张蓓认为，申请海外名校除了要有优秀的成绩之外，必须让国外院校看到学生身上与众不同的气质。尤婧在组织iGEM大赛的过程中展示她坚忍不拔的进取精神与非常强的沟通能力，正是这些品质获得了美国名校的青睐。“其实对于尤婧的申请结果，我并不意外，觉得结果就应该是这样的。尤婧真的很有魅力，越了解她，就越觉得她有能力，越欣赏她。”

张蓓说，申请海外名校其实并没有那么难，只要你足够优秀，那么名校就一定会青睐你，关键在你如何去展示自己。当然，良好的各项相关考试成绩是必须的，这就需要从努力学习、端正态度、意志品质三方面精心准备。并且现在最重要的一点是，大家一定要规划好申请时间，尽量在大四九月份就把申请做出去。

## D声音：我不算成功者

在记者采访过程中，尤婧一直对自己的成功没有丝毫的骄傲感。“我很乐意分享我的经验，但我并不觉得我是成功者。”尤婧告诉记者，自从她收到美国名校通知书后，班上很多同学也是很羡慕的，“我觉得班上的同学都非常优秀，只是他们没有勇敢地迈出那一步，我觉得出国也好申请名校也好，没有想象中的那么难，只要找准方向、尽早规划，尽自己的努力是完全可以实现的。”

在谈到努力争取这一话题的时候，尤婧深有感触，以参加iGEM比赛为例，当初学校并不支持他们去参加，是尤婧一再找学校领导沟通，最终学校才同意。“所有很多事情还是要争取，争取就有成功的可能性。”

本报记者 周蓓

人物名片

### 尤婧

武汉大学生命科学院大四在读，获得美国约翰霍普金斯大学博士全奖录取（医学院排名全美第二，仅次于哈佛大学）、美国康奈尔大学医学院博士全奖录取、美国贝勒医学院博士全奖录取、美国常春藤名校哥伦比亚大学公共卫生硕士录取、美国华盛顿圣路易大学公共卫生硕士录取。

尤婧（左）与指导老师张蓓。

◇记者手记

## 名校申请宜找专业人士指导

留学申请海外院校，特别是申请海外研究生及博士，和国内考研考博一样，都要对学校及专业有一定的了解。不同的是，留学准备要比志愿填报更为复杂，需要更多的准备时间，特别是在申请海外名校时，被高入学门槛要求学生不仅要有优秀的成绩，更重要的是还要准备出众的申请文书材料，把握名校申请的时机。在海外名校申请中，选择一个专业的留学咨询服务机构是非常重要的。有经验的顾问能够从留学规划、留学申请到签证提供专业的服务，尤其是在文书制作、背景提升方面，给予学生很大的帮助。像至美前程美国留学服务中心这样全海归顾问团队、专业从事美国留学申请服务的机构，会对学生的申请全程起到关键的作用。

在准备申请的过程中，申请的时机也非常重要，一般现在都会在大四的9月份开学就提交申请。如申请2012的秋季，一般在去年的11月底左右申请就会截止。海外名校的一些热门专业通常申请的截止时间都非常早，这就要求学生至少提前一年到二年左右的时间开始准备。近几年，有不少学生为了进海外顶尖名校，都会提前找专业顾问规划留学时间。

本报记者 周蓓

作者辅导的尤婧同学被媒体广泛报道

作者辅导的刘彦成同学接受电视台采访

和学生们一起参加户外拓展活动

在南京大学硕士留学公益分享会作主讲

在中国科学技术大学全奖留学峰会作主讲

主讲的“奔跑吧，骚年”活动风靡全国高校

在北京大学常春藤留学主题分享会作主讲

和中国科学技术大学学子在武大校门前合影

接受电视台采访

受邀参加武大校友见面会活动——武大到哈佛的距离

在清华大学主持中国 211 专属留学平台发布会